発達心理学の新しいパラダイム

人間科学の「二人称的アプローチ」

ヴァスデヴィ・レディ
松沢哲郎
下條信輔

佐伯　胖
當眞千賀子

発行　中山人間科学振興財団／発売　中山書店

はしがき—— 開会のことばより

　皆さま，こんにちは。深まる秋，行楽の秋ですが，しかも週末の土曜日に，私ども中山人間科学振興財団のシンポジウムにお集まりいただきまして，誠にありがとうございます。厚く御礼申し上げます。

　私どもの財団は創立 25 周年でございまして，まだ財団としては青年期に差し掛かったところと申し上げてよいと思います。

　ただ，本財団の設立者である中山三郎平氏が，本当にまだ日本が荒廃の最中にある戦後間もなく，岩波書店から独立されて中山書店を創設されたときには，その理念はまさしく「人間の科学」であったと伺っております。

　もっとも，戦後「人文科学，社会科学，自然科学」という三区分は，大学カリキュラムの整理などに使われて，一般に親しいものになりましたが，そのなかの「人文科学」は「人間の科学」ではないのか，という疑問もあり得ましょう。ただし，こうした三区分の際の「人間科学」は，例えば英語に直したときには，決して「科学」に相当する "science" は登場しません。"humanities" というに止まることは，ご承知の通りです。反対に，英語で "human sciences" というと，自然人類学などのように，ヒトという生き物を科学的に探求する学問領域を指すのが普通です。私どもの財団の名称の英語表現には "human science" を使っておりますが，中山三郎平氏が提唱された「人間の科学」は「人文科学」とも，また英語本来の "human science" とも，さらには "humanities" とも完全に同じではない斬新な提案であり，その理念を受け継ぐべきであると私どもも理解しております。

　きょうのシンポジウムのタイトル，「人間科学における『二人称的アプローチ』」というのは，誠にその創設者の理念にもふさわし

いタイトルとして私どもは大変喜んでおります。

　わざわざ遠方から駆けつけてくださったパネリストの方々，詳しいご紹介は司会の佐伯先生からしていただけると思いますが，基調講演をしてくださるレディ先生はイギリスから，それから，私どもに日本語の橋渡しをしてくださる當眞先生は九州から，ミニ・レクチャーの松沢先生は京都から，そして，下條先生はアメリカからというわけで，佐伯先生だけが首都圏ご在住ですが，文字通り世界の隅々からお集り下さいました。内容も素晴しいものとなるに違いありません。大変期待でわくわくしております。

　皆さま方も，ぜひ楽しみながら，インフォーマティブで，しかも刺激的である，これからのしばらくの時間をお楽しみいただければと思います。

　ご挨拶に代えて一言申し上げました。ありがとうございます。

2016 年 10 月 29 日

中山人間科学振興財団

代表理事　村上陽一郎

目　次

基調講演

乳児期における
かかわることと
心への気づき

ヴァスデヴィ・レディ

Summary

情動的かかわりは他者理解のために決定的に重要である。そのようなかかわりは典型的には生まれてすぐから，対話的または二人称的かかわりでみられ，次第に複雑で広範なものとなっていく。この講演で，私は生後1か月から，乳児が他者の注視，意図，さらに他者の信念への気づきが，いわゆる「心の理論」の獲得とされる時期より遙か以前から，どのように生じているかを顕す日常的な対人現象を見出し，提示する。1歳未満の乳児が恥じらいを感じたり，おどけまわったり，見せびらかしたり，よく知った人をふざけてからかったりするとき，その子たちは，心への気づきを示していると同時にさらに育んでいるのである。このような気づきは，誘い応答する世界との対話的かかわりのなかで発生し，発達し，生き延びるのである。情動を伴うかかわりの相互性が何らかの理由で損なわれると，自閉症の場合がそうであると思われるように，非典型的な発達の道筋が現われることになる。

（本講演は英語で行われた）

　皆さんこんにちは。本日は，中山人間科学振興財団主催のシンポジウムにご招待いただき，大変嬉しく思います。また，特に，このシンポジウムで松沢先生と下條先生とスピーカーとして同席させていただくのを，とても光栄に思っています。

　本日の講演では，心理学と神経科学の領域で，ヨーロッパではもちろんのこと日本でも広く関心を集めつつある最近の考えについてお話したいと思います。「かかわり（engagement）」と「心への気づき（awareness of mind）」についてです。人間がどのように他者の心を理解するのか，特に乳児がどのように他者の心を理解するのかは長い間，哲学の分野において，また心理学の分野において難しい問題とされてきました。

　私が問題提起をしたいと考えているのは，この問題に対するこれまでのアプローチにはいくらか問題があり，変えなければならない，ということです。アプローチの仕方を変えれば，「乳児がどのように他者の心を理解するのか」がより「問題」ではなくなるかと思います。もっと容易に答えが出せるようになるでしょう。

　本日はそういったことについてお話したいと思います。「かかわり」に焦点を絞ってお話します。「情動（emotion）を伴ったかかわり（emotional involvement）」は，私たちの対人理解の決定的要因として，とても重要です。また，日常的現象の重要性についてもお話します。心理学では長年，物理学や化学の分野に対するいわゆる羨望からか，研究室と白衣が「信奉」され，心理学的現象が十分「信奉」されてきませんでした。しかしながら私は，今一度そこからスタートしなければならないと考えています。

　また，初期の乳児における２つのタイプの「かかわり」についてもお話します。「他者の注目（attention）に対するかかわり」と「他者の意図（intention）に対するかかわり」です。そして，社会的認知（social cognition）あるいは社会的理解（social understanding）に対する二人称的アプローチとは何かについても少しお話する予定です（❶）。

> - 情動を伴ったかかわりは対人理解の決定的要因である。
> - 日常的な現象こそ重要である。
> - 初期の乳児期におけるかかわりのタイプ
>   ・注目
>   ・意図
> - 社会的認知に対する二人称的アプローチ

❶概要

「かかわり」の意味

　それではまず，「かかわり」についてです。「かかわり」という用語は，心理学ではさまざまな意味で使われています。使う人の数だけ意味が存在する「社会主義」といったことばと同じです。いろいろ異なる意味のことを言い表せます。私たちは，あまりよく「かかわり」の意味をわかっていません。つながる，関係するというかかわりにとって，また社会的認知にとってきわめて重要な特徴のひとつとして，情動を伴ったかかわりを挙げることができます。

　情動性（emotionality）は，一般的カテゴリーとしての「情動」だけではなく，さまざまな種類のものがあります。たとえば，私がこうやって照明から離れてみます。なぜかというと，照明の下では皆さんが見えないし，私は皆さんと人間同士として「かかわり」をもつことができないからです。檀上にいては皆さんが誰なのかわかりません。私には皆さんを見ることが必要なのです（以後，レディ氏は壇上から降りて話される）。

　「情動」には，ただ嬉しい，悲しい，怒っている，がっかりしている，うんざりしているといった「情動」だけではなく，情動は，すべての行為（action）のなかに情動性として存在しているという考え方について，皆さんがご存知かどうかわかりませんが，ダニエル・スターン（Daniel Stern，1934 ～ 2012：米国の乳幼児精神医学者）は，いわゆる「生気情動（vitality affect）」または「生気輪

> - 情動を伴ったかかわりが，かかわりの決定的側面である。
> - さまざまな種類の情動性（一般的カテゴリーとしての「情動」ではない）
> - 異なる種類のかかわり：二人称的かかわりと三人称的かかわり
> - 乳児期の場合に最も際立っているのは，対人場面での直接的関与（direct involvement）を求めるかかわり——すなわち，二人称的かかわり——である。

❷かかわり

郭（vitality contour）」という考えを提唱しました。

　彼が提唱したことは，簡単に言うとこのような感じです。たとえば椅子に座ったとしましょう。どんな座り方をするかに，すでに情動が内在しています。ここにあるペットボトルを持ち上げてみます。持ち上げるのに，いくつもの持ち上げ方ができます。その動作の違いが「情動」です。ここでいう「情動」とは，通常私たちが考える「情動」とはまた別の種類のものです。

　ですから「情動を伴ったかかわり（emotional involvement）」について論じる際には，異なる種類の「情動」を内包する，行為の動態（ダイナミクス）における「情動性」についても理解していなければなりません。また，異なる種類の「かかわり」についても理解していなければならないのです（❷）。

乳児にとっての他者とは

　私が最初に，乳児と対人理解について研究し始めたとき，いつも概念的議論としてあったのは，「乳児がどのように他者を理解するか」ということでした。そもそも一人の乳児が，どのように人を理解するかということでした。

　一口に他者と言っても，さまざまな人間がいます。あなたの隣に座ってあなたを見つめてほ笑んでいる人は，また別の人に向かって向こうのほうでほ笑んでいる人とは違います。ですから「乳児

はこのように他者を理解します」とは一概には言えないのです。な
ぜなら他者にも，異なる種類の他者があるからです。他者には2種
類あります。ひとつは「あなた（You）」である他者。あなたに話
しかける他者。あなたに「あなた（You）」として話しかける他者。
もうひとつは，あなたが試合を観戦している観客であるかのように
見ている「彼（He）」あるいは「彼女（She）」である他者です。そ
の場合，あなたはその人にそれほど親密にかかわっていないことに
なります。

　乳児にとって，また，乳児期において，最も重要な「かかわり」
とは，言い換えれば，最も力強く，心をしっかり掴み捉えるような
「かかわり」とは，人が乳児に直接働きかけることです。それ以外
ではあり得ません。私が誰かを叩いて，それを皆さんが見ていると
しましょう。皆さんの前で私が誰かを叩いてみましょう。皆さんは
私を見ます。そうしたら皆さんは，「ちょっとおもしろいな」と思
うでしょう。でも，もし私が皆さんを叩いたらいかがですか。「お
もしろい」だけではすみませんね。「おもしろい」以上のことにな
ります。皆さんは反応（respond）しなければならなくなります。

　心理学では，このような「二人称的なかかわり」の無視が
起こりがちです。なぜなら，白衣を着て観察者となり，関与
（involvement）せずに実験を行っていることを好むからです。し
かし，「現象」の大部分は関与に基づいているわけですから，この
ことをどう理解していくかは課題です。

日常のかかわりのなかで乳児を理解する

　ここで，日常的現象について，ひとつお話ししたいことがありま
す。どんな研究にも，これだけは確実な基盤になるとする判断基準
があるでしょう。そこから出発するからこそ，真実であるとか，統
一性が保たれているとされることです。そのような絶対的判断基準
を「神」というなら，多くの研究者たちにとっての「神」は，「理
論」であったり「方法」であったりしますが，私にとっての「神」

> - 日常的現象はしばしば見逃される。
> - とりわけ，単なる観察ではなく，直接的なかかわりが見逃される。
> - 乳児の日常的かかわりは決定的に重要な情報を提供している……。
>   …生後数か月児の間でさえも，他者の心を理解している証拠がある。
>   …それらは，さらなる心の理解を発達させる機会となる──それを欠くと発達は問題をはらむ。
> - かかわりは，魅力（呼び込み）／興味（惹き入り）が，どちらの側にも必要であり，それには応答する能力と，相手の応答を知覚する能力がなければならない。

❸乳児期の日常的な現象

は，「現象（phenomena）」です。日常生活のなかでの心理現象（psychological phenomena）から生まれる問いに，私は全幅の信頼を寄せます。一方，「心理学的な現象」は，私たちの生活のいたるところに存在しています。しかし研究では往々にして，知っていることを無視し，知らないことに焦点を絞る，つまり「心理学的な現象」の豊かさを無視するよう私たちは訓練されてきました。特に「直接的なかかわり（direct engagement）」を伴う「現象」に対してそうしてきました（❸）。

　さて，自分自身が赤ちゃんを育てるようになったところ，乳児が他者とかかわり，理解している様子は，身の回りのいたる所で見られました。日常の普通のやりとりのひとつひとつのなかで，それが飛び出してきては私にパンチを食らわす，といった具合でした。ですから，こうした乳児との日常のかかわりこそが，乳児が他者を理解するということの決定的な証拠（evidence）を提示してくれると思うのです。

　乳児の他者とのかかわり方から，乳児がかなり早い時期から他者の心と「かかわり」を持っているという証拠を得ることができます。いわゆる「心の理論」でいわれる3〜4歳より，はるかに早

い時期からです。また，それらの「かかわり」は，「理解」をさらに発達させるための重要な機会を提供するのです。「かかわり」は「理解」の証拠であるだけではなく，「理解」を可能にするものでもあるのです。

　もし私が皆さんと「かかわり合い」を持とうとした場合，私たちは，まず会話をします。その会話自体が証拠となります。しかし，その会話は私たちを，さらなる現象，さらなる素材，さらなる発達へと導くものでもあります。こうした日常的な「かかわり」から始める必要があります。特定の「かかわり」のスナップショットだけを取り上げる研究所での研究ではそれほどありませんが，日常生活では，こうしたかかわりの豊かさが重要なのです。

「魅力」とは何か

　誰かと「かかわる」のには何が必要でしょうか。決定的なこととして，「魅力（attraction）」がそのひとつに挙げられます。心理学は「魅力」についてあまり取り上げませんが，私は取り上げるべきだと思っています。

　「魅力」とはまさに，私たちを世界の方に向かって引き寄せる何かです。魅力とはまさに，世界が私たちに応答（respond）しなかったら私たちを悲しませるような何かです。そして，世界が私たちの存在を認めてくれたとき，私たちをとても喜ばせるような何かです。世界とは，部屋，人間など何でもよいのですが，世界が私たちの存在を認めて，私たちに応答してくれるとき，そのとき私たちは，他者の行為を私たちへの応答として知覚することができるのです。衝動（impulse）——これは動機（motivation）とよんでもかまいませんが——へと向かうこうした「魅力」の働きはきわめて重要なものです。

乳児期初期における2つの「かかわり」

　では，乳児期初期における2つのタイプの「かかわり」について

> • 他者の注目とのかかわり
>
> • 他者の意図とのかかわり

❹乳児期初期におけるかかわりの種類

お話ししたいと思います。ほかにも多くありますが，おそらくこの2つが，これまでの実験や研究の方法の範囲内でも理論に適っているかと思います。2つとは，「他者の注目（attention）とのかかわり」，それから「他者の意図（intention）とのかかわり」です。

　乳児はどのように「注目」を理解しはじめるのでしょうか。皆さんのうちどれくらいの方が，乳児の注目への気づきに関する心理学の研究をご存知なのかわかりませんが——どれくらい心理学が専門の方がここにいらっしゃるのかわかりませんが——，心理学の分野では一般的にいって，注目の理解は「共同注視（joint attention）」から始まるとされています。

　「共同注視」とは，次のような注目です。たとえば私が「あっちを見なさい！」と言ったとします。あれ，皆さん言うことを聞かないですね（レディ氏笑う）。私が「見て！」と言って，もし皆さんが見たら，私たちは三項関係を実現したことになります。私が乳児だとしましょう。私が何かあそこにあるモノを指さしたとします。そのとき，他者である皆さんと，私とモノとは三項関係にあります。明らかに，それには「皆さんが注目できることを私がわかっている」ことと，「私が皆さんを注目させている」ということとが伴います（❹）。

共同注視はいつから始まる

　さて，生後11か月頃，乳児は，いろいろなやり方で指さしを始めます。視線追従といった共同注視は，おおよそ9か月か10か月頃に始まります。これをめぐってはさまざまな見解がありますが，

だいたい 1 歳になる前あたりに共同注視が始まるとされています。

　さて，それではそれが本当に，乳児にとっての初めての「注目への気づき」なのでしょうか。心理学の文献を読むとそうだという印象を受けます。確かに，「注目」という観念を理解し，注目を「注目」として把握し，心理学的な「注目」を理解しはじめるのはその時期からです。乳児は 9 ～ 12 か月の間のいずれかの時点で「注目」の理解が始まります。ただ，自分が乳児を育てていて，最初の 9 ～ 12 か月に思いました。――「あれ？ 9 ～ 12 か月と赤ちゃんを見ていたけれど，赤ちゃんは，他者の注目に対して何かしていたのではないかしら」「何も理解してなかったかしら？」「何をしていたかしら？」「どんな注目の経験をしていたかしら？」「注目に対する応答はどうかしら？」「注目性（attentionality）と注目行動（attentional behaviour）の理解はどうかしら？」―― ほんの少しの例外を除いて，これまでそういったことについては，文献にはあまり書かれてきませんでした。

　注目への気づき（awareness of attention）といえば，いうまでもなく「共同注視」のことです。それ以外ではありえないのです。しかし，それは発達の意味でみてもおかしいのです。進化という意味でもどうしてもおかしい。突然，それ以前の経験に対する理解の仕方をくつがえして新しい存在になってしまう，というようなことではないはずだと思います。では，これを理解するためには，どこからスタートすればよいのでしょうか。なぜ心理学は「共同注視から始まる」ことにしたのでしょうか（**❺**）。

注目を理解すること

　確かに，これまでにも，主に現象学の分野や哲学者や心理学者の間で，「注目」を目に見えないもの，知覚できないもの，何か内部に隠されているものだとみなし，だから解明しなければならないと考える，デカルト（René Descartes，1596 ～ 1650：フランス出身の哲学者・数学者）やデカルト的アプローチを批判する議論があ

- 典型的には，9〜12か月で"共同注視"が始まるとされているが，それは遅すぎ――情感的関与と出生から9か月の無視。
- 注目は最初，二人称的状況において，赤ちゃんに向けられた注目に対して応答する感覚として知覚される。
- その応答が，注目を伴うかかわりと注目の理解のさらなる発達を可能にする。
- それには，その乳児に注目し，乳児の応答に応え，かかわりが導くところに喜んで付き従う用意のある他者がいなければならない。

❺乳児はどのように注目を理解するか？

りました。きちんと答えを出すべきだと思います。以前より批判があるのです。たとえば，メルロ＝ポンティ（Maurice Merleau-Ponty, 1908〜1961：フランスの哲学者）は――こちらの演壇の他の方々も，たぶんお気に入りなのだろうと思いますが――見ること（vision）や注目はそれについて考えたからといって理解できるわけではない，知覚（perceive）するから理解するのだと主張しました。もし外で物音がしたら，もちろん私はそちらを向きます。そのとき皆さんは，外界に惹きつけられている私の注目を知覚しているのです。皆さんは私が注目していることを視覚的に知覚するのです。メルロ＝ポンティは「注目」や「見ること」が存在することを，人はこのようにして知ると主張しています。

私はそれを少し推し進めて議論したいと思います。もし皆さんが「注目」を理解していないのであれば，私が何に注目しているか理解することができるでしょうか。私が外界のモノに注目するのを皆さんが見ているだけでは，皆さんは注目を理解するようにはなりません。私が皆さんを見て，それに対する応答を感じとることによって注目を理解するのです。

たとえば私が，近づいてにっこりほほ笑みながら皆さんを見る。あるいは怒った感じで皆さんを見る。そのことは皆さんに，何らかのことをします。皆さんの内におのずと，何らかの応答，何らかの

情動的応答が生まれます。皆さんの内に生まれた反応や応答が，皆さんにとって，注目とは何か，ということに必然的に結びつくのです。それは概念ではありません。行動パターンについての観察に基づいた単なる推論でもありません。何かに対する応答です。それは皆さんが物事に対して感じる応答です。そして特に，皆さんに注目が向けられたとき（そういうときだけというわけではありませんが）の応答のことです。

●前半の要約・解説

當眞千賀子

　いまのように，かなりチャーミングに話されるので，あまり途中で切りたくないのですが，ここら辺りで少し。いまの「注目（attention）」の問題のところだけ通訳を入れることで，その続きが聞きやすくなると思います．

　いまの話がこれまでの話をエピソード的にうまくサムアップしていると思うので。

　I will explain a little bit about attention and discussion.（Dr. Reddy に向けたひと言）

　いまのところで "attention"，何かに注目する，注意を向けるということへの理解というのがどのように始まるかというのを，発達心理学では「共同注視」というようなことで扱われてきたことがこれまであったわけで，9 か月，11 か月，その辺りぐらいからということなのですけれども，何かについておとなと子どもが同じものに注意を向けるということで，共同注視ということが始まるというようにしているのですけれども，彼女は，それでは遅すぎるというようなことをおっしゃっているわけですね。

　ある日突然，共同注視が可能になるというのは，日々の生活を赤ちゃんと一緒に過ごしている関係性のなかで，赤ちゃんとかかわっている体験をベースに考えると，非常に人工的な発想，奇妙な感じがすると。

　メルロ＝ポンティなどは，デカルトがすべてアイディアのなかにあるというのとは違って，現象学的に，私が何かに注意を向けているというのを見ることで，注意ということに対する理解が深まると言っている。しかし発達的に考えると，それももうちょっとプッシュして考える必要がある，というのがヴァスデヴィ・レディさんの主張で，どういうことかというと，何かに……たとえば音がしたということにおとなが注意を向けていて，子どもがそこを見ている

13

とすると，おとながこちらに注意を向けているのを見て「注意」というのを理解するというのではなくて，たとえば注意を向けたときに，今度は子どもを見たり，あるいは注意を向けたときに驚いた顔をしたり，何らかの情動を伴うリアクションが注意を向けているほうにもあるし，見ている子どもも，それを見て自分の中に何らかの情動的な働きが生まれるというわけですね。情動的な体験が子どもの中にも生まれると。

子どもはそういう体験をきっかけにして参考にしながら，この起きた現象，注意を含む現象全体を体験すると。そういうようなところから，注目の発達が生まれてくるというようなところをハイライトしたいのだということです。

［講演続き開始］
自己に向けられた注目に対する情緒的反応

　基本的にいえば，注目の理解というのは，「外の空間にあるモノ」に視線を追従する9〜12か月から始まるのではなく，注目が最初に自分自身に向けられた0〜4か月から始まります。「注目的かかわり（attentional engagements）」はまず，自己（self）に向けられ，そして次に身体部位，他者の注目，そして自己による行為，というように，これらいくつかの段階を経ていくのです（❻）。

　それではここで，私が考えるところの，「自己に向けられた注目に対する情動的反応（emotional response）」の最初の例をお見せします。誰かが皆さんのところに近づいてきて，「なんてあなたは美しいの」と言って目を見つめたとします。あなたはとても嬉しいとは思いますが，少し戸惑うでしょう。だからちょっと目をそらして向こうを向いて，それからまた向き直ったりします。皆さん，その感じをおわかりになるでしょう？　多くの人がそうです。特に日本では，よくみられる反応ではないかと思います。

❻注目への気づきの発達：二人称モデル

月齢	何に向けての注目が気づかれるのか…	注目的かかわりの例
0〜4	自己	喜悦，照れ微笑，嘆き 不在／非注目の際の"呼び寄せ"
3〜6	身体部位	くすぐりの接近，乳児の体への唄あやし，それら継続／増強の要求
6〜10	自己による行為	指示に従う，おどける，からかう，見せびらかす
9〜12	空間にあるモノ	外部にある対象への指さし 視線追従
12〜24	時間軸上の事物	過去／現在／未来の注目についての識別

❼注目への気づきの発達：二人称モデル

月齢	何に向けての注目が気づかれるのか…	注目的かかわりの例
0〜4	**自己**	**喜悦, 照れ微笑, 嘆き** **不在 / 非注目の際の "呼び寄せ"**
3〜6	身体部位	くすぐりの接近, 乳児の体への唄あやし, それら継続 / 増強の要求
6〜10	自己による行為	指示に従う, おどける, からかう, 見せびらかす
9〜12	空間にあるモノ	外部にある対象への指さし 視線追従
12〜24	時間軸上の事物	過去 / 現在 / 未来の注目についての識別

自己へのまなざしの知覚に対する照れ微笑（❼）

　これが，鏡を見ている 2.5 か月の女の子の赤ちゃんの例です（❽ビデオ）。お母さんが抱っこしています。皆さんに見ていただきたいのは，赤ちゃんの目が，鏡に映った自分自身の目と合ったときの赤ちゃんの「情動的応答」です。目と目が合い，互いに見つめ合い，首を戻します（❽ a）。このなかで赤ちゃんは，いわゆる当惑（embarrassment）（❽ b），照れ微笑（coy smile）（❽ c, d）といった情動カテゴリーの反応を示します。ビデオをご覧ください。短いものですがここでのポイントは，解釈はどうであれ，目が合ったとき，何かを感じるということです。こういったことはよくあります。

不在／非注目の際の "呼び寄せ"（❾）

　次に別のビデオを見てみましょう（❿ビデオ）。もし，目の前で話しかけもせず，むっつりしている人を見せられたら皆さんならどうしますか。

　お見せするのは，生後 9 週，つまり月齢 2 か月の赤ちゃんの例

❽自己へのまなざしの知覚に対する照れ微笑（2.5か月，ビデオより）(Reddy, 2000)

で，ビデオ2台で行われた研究の例です。モニターに大きく映って
いるのが赤ちゃんの映像です。また左上の隅に映っているのは，そ
の赤ちゃんが見ている映像で，あたかもライブで鏡に映っているか
のように自分が映っています。赤ちゃんに見えるのは，その映像
のモニターだけで，映像は，ビデオで撮った映像を映し出していま
す。赤ちゃんが，このようなとても「奇妙な鏡」と向き合う状況
で，いかに「かかわり合い」を楽しんでいるかに注目していただき
たいと思います。赤ちゃんはいろいろやってみています（❿ a）。

❾注目への気づきの発達：二人称モデル

月齢	何に向けての注目が気づかれるのか…	注目的かかわりの例
0〜4	**自己**	**喜悦，照れ微笑，嘆き** **不在 / 非注目の際の "呼び寄せ"**
3〜6	身体部位	くすぐりの接近，乳児の体への唄あやし，それら継続 / 増強の要求
6〜10	自己による行為	指示に従う，おどける，からかう，見せびらかす
9〜12	空間にあるモノ	外部にある対象への指さし 視線追従
12〜24	時間軸上の事物	過去 / 現在 / 未来の注目についての識別

「かかわろう」と試みているのです。

さて私たちがしたことは，再生映像を見せることです。この場合赤ちゃんが見ているのはライブではなく古い映像です。つまりビデオの再生です。赤ちゃんは少し古い「かかわり合い」を見ます。映っている赤ちゃんに働きかけても何の応答もないので，赤ちゃんはびっくりして困った様子です（❿ b）。そこで何度も何度も何度もかかわりを持とうと頑張ります（❿ c）。もう一度やってみています。

またライブの映像に切り替わります。たった1分の間のことです。赤ちゃんは素早くライブだと認識します。赤ちゃんは，たちまちほっとしたように，にっこり微笑み（❿ d），関係や反応を認識します。

6〜10か月児にみられる「おどけ」

赤ちゃんが，こうした注目的かかわりを続けると，6〜10か月になる頃には，他者の注目や行為に対して反応する例がみられるようになります。私たちが赤ちゃんを見ると，最初に赤ちゃんの反応

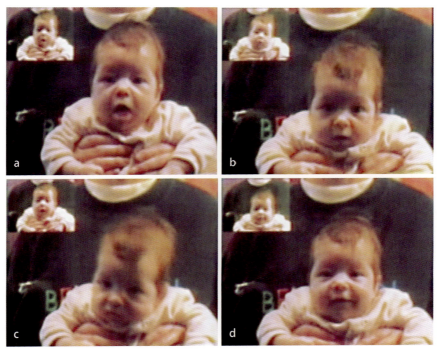

❿かかわろうとすること（9週，ビデオより） (Reddy et al, 2007)

があります。赤ちゃんはその反応を感じます。次に赤ちゃんは，他者は自分を見ているだけではなく，自分がしていることを見ているのだと認識するようになります。自分がすることが，他者の注目を惹きつけるということがわかります。赤ちゃんは，それで遊ぶようになります。いわゆる「おどけ（clowning）」です（⓫）。

　このビデオは音声に少し問題があるので，少し説明しながらお見せします（⓬ビデオ）。赤ちゃんが椅子の下にもぐります。お母さんは左側にいて，何でそんなことを聞くのかわかりませんが，とにかく「踊っているの？」と赤ちゃんに聞きます。赤ちゃんがお母さんを見ます（⓬a）。お母さんがまた「踊っているの？」と聞きます。そこで赤ちゃんはお母さんの方を見て座り，困った様子で首を

19

⓫注目への気づきの発達：二人称モデル

月齢	何に向けての注目が気づかれるのか…	注目的かかわりの例
0〜4	自己	喜悦，照れ微笑，嘆き 不在／非注目の際の"呼び寄せ"
3〜6	身体部位	くすぐりの接近，乳児の体への唄あやし，それら継続／増強の要求
6〜10	**自己による行為**	**指示に従う，おどける，からかう，見せびらかす**
9〜12	空間にあるモノ	外部にある対象への指さし 視線追従
12〜24	時間軸上の事物	過去／現在／未来の注目についての識別

振る動作をします（⓬ b, c）。赤ちゃんはとても利発なことに，月齢8か月にして，社会的なジェスチャーである「首を振る動作」を正しく行いました。「首を振る動作」は，一般的によくされる仕草です。ですからお母さんは大喜びで笑います。そこで赤ちゃんは，何度も同じことを繰り返します（⓬ d）。

　赤ちゃんは，お母さんの反応が，単に自分の存在に結びついているのではなく，「首を振る」という自分の動作に結びついているのがわかっているからです。赤ちゃんは何回も同じ動作を繰り返します。ときには2週間，飽きてしまうまで同じことを繰り返すこともあります。ご覧ください。「踊っているの？」。赤ちゃんが首を振ります。お母さんが小躍りして喜び，赤ちゃんは何度も何度も同じことを繰り返します。

　ここでは，標準的な「共同注視」行動が始まるとされる以前の8か月児に「おどけ」がみられます。実際に8か月児でもよく行っていることです。定型発達児の4分の3が「おどけ」——言い換えれば「他者から笑いを引き出そうとする行為を繰り返すこと」——をするのが報告されています（⓭）。

⓬おどけ（8か月以後，ビデオより）

⓭おどけがどれほど広く見られるか

定型発達児	8か月	11か月	14か月
報告された児の割合（%）	73%	93%	100%

非定型発達児，3～5歳	自閉症児	ダウン症児
なんらかのおどけが報告された割合(%)***	16%	81%

おどけの多様性（タイプ数）：DS＞AUT***

（Reddy, Williams & Vaughan, 2002）

❹注目への気づきの発達：二人称モデル

月齢	何に向けての注目が気づかれるのか…	注目的かかわりの例
0〜4	自己	喜悦, 照れ微笑, 嘆き 不在 / 非注目の際の "呼び寄せ"
3〜6	身体部位	くすぐりの接近, 乳児の体への唄あやし, それら継続 / 増強の要求
6〜10	自己による行為	指示に従う, おどける, からかう, 見せびらかす
9〜12	空間にあるモノ	外部にある対象への指さし 視線追従
12〜24	**時間軸上の事物**	**過去 / 現在 / 未来の注目についての識別**

　同様の研究を，同じ発達年齢の自閉症およびダウン症の幼稚園児を対象に行ったところ，予測通り，2つのサンプル間には統計上の大きな差異がみられました。自閉症児は，まったく「おどけ」ないか，数例「おどけ」がみられたケースでも，「おどけ」の行為は，いくつかに限定されていました。行為に多様性のあるダウン症児の例とは異なり，笑いという新たな反応を迅速に理解することもなく，行為は，ほとんど決まりきったものの繰り返しに限られていました。

「時間軸上の事物」への気づき

　2歳以降になると，「時間軸上の事物」に気づく子どもも出てきます（❹）。たとえば皆さんが向こうに座っているとしましょう。皆さんがお母さんで私が幼児です。私が牛乳瓶を落としてしまったとします。お母さんが言います。「まあ，きれいに片づけましょうね」。そこでお父さんが部屋に入ってきます。18か月（1歳半）の幼児である私は，お母さんに向かって「牛乳の瓶が落ちているよ」と言いません。お父さんに向かって「牛乳の瓶が落ちているよ」

あるいは「見て」と言うのです。過去に何か（過去の「注目」）を知覚した人と過去にそれをしていない人を区別しています。また，「未来における注目」もあります。

これは，私の息子が月齢20か月（1歳8か月）だったときの例です。私は仕事をしていて，息子はトイレトレーニング中でした。息子がベビーシッターと家にいたときのことです。彼は乳児用便器にしかるべきことをするのに成功しました。朝9時のことで，私はもう出かけてしまっていました。息子はベビーシッターに言いました。「捨てないで。ママに見せて」。仕方なくベビーシッターは，1日中そのままにしておきました。息子の頭には「未来の私の注目」がありました。注目の理解は，自己に対する注目から始まり，自分の近くにあるモノや自分の身体部位，モノや空間に対する自分の行為，そしてより広い時間軸上の事物へと発達していきます。9か月か10か月で突然，注目を発見するというようなことではありません。発展プロセス（expanding process）はより漸進的です。

乳児はどのように意図を理解するか？

さて，乳児はどのように「意図」を理解するのでしょうか（⑮）。従来の心理学では，大抵の場合傍観的状況（spectatorial situations）下で研究されます。たとえば，私がここまで歩いたとします。そして皆さんに聞きます。「ここまで歩いた私の意図は何ですか？」。皆さんは，「観察者」となります。あるいは，どこかに向かって歩いていって，何かを取ろうとする人の映像を見せます。そして，皆さんに「これをどう理解しますか？」と聞くのです。ビデオに映る他者を乳児に見せるという「素晴らしい」いくつもの研究によって，乳児がいかに他者の意図を理解するかについて多くのことがわかりました。しかし，乳児に対して直接向けられた意図や意図的な行為についてはどうでしょうか。

乳児は生まれたその瞬間から，他者を経験しています。自分をお母さんの子宮から外に引っ張り出す人，注射の針を刺す人，ぴしゃ

⓯乳児はどのように意図を理解するか？

りと叩く人，鼻に何か突っ込み，衣服を脱がしたり着せたりする人。世界は意図的行為に満ちあふれています。生まれた瞬間から，いわば自分に向けられた行為の中を「泳いで」いるような経験をします。何らかの過程を経て，少しずつそういった行為の意味がわかってくるのでしょうか？　それらの行為が素材となって，「意図性」が理解されるようになるのでしょうか？

抱き上げに対する予期的調整

　次に一例としてお見せしたい映像は，そういった種類の意図的行為に関するものから選んできました。たとえば，私が皆さんに向かって来るとします。私は皆さんより大きな巨人で，手を差し伸べて皆さんを抱き上げます。そうしたら皆さんどうしますか。おそらく私を見て「あっちに行って」と言うと思います。あるいは私を見て後ずさりするでしょう。でも，もし私が親だったらどうでしょう？　1943年のカナー（Leo Kanner, 1894 ～ 1981：オーストリア出身の児童精神科医）の報告によると，通常，定型発達の幼稚園児あるいは学童は，誰かが来て抱き上げようとするとこのようにします。抱き上げられる準備として，身体を調整するのです（⓰）。なぜなら，これから起こることを理解していて，それを望んでいるので，抱き上げてもらう助けとなるよう身体の調整をするのです。

> •非定型発達の重要な指標
> ・Kanner, 1943：自閉症児は，抱き上げに対して予期的調整をしない。
> •定型発達児における予期的調整の起源と発達
> ・Reddy, Markova & Wallot（2013）
> ・生後2か月以後：予期的調整（身体接触以前）
>   ・脚：脚伸ばし，脚上げ，脚縮め
>   ・腕：腕広げ，腕をうしろに押し下げる
>   ・頭／首：持ち上げ，横向け
> •4か月まで，主に母親の顔をみつめる。

⓰抱き上げられる

　もし身体の調整をしなかったらどうなるでしょうか。それはこん
な感じです。皆さん，園芸用品店で土や堆肥，肥料などの大きな袋
を買ったことがありますか？　形が定まらない，土の入ったぐにゃ
ぐにゃした大きな袋です。それを運ぼうとすると，信じられないく
らい大変です。中身にしっかりとした構造がなく，硬さがないから
です。子供も調整をして身体を硬くしなかったら，どさりと落ちて
しまいます。ですから，抱き上げられることを予期して身体を準備
するのは，抱き上げられることで受ける可能性のある損傷や，いわ
ゆる全体的な損害などを防ぐ意味でも，とても理に適っていると言
えます。試してみてください。皆さんが，警察に逮捕されそうに
なったとしましょう。たとえば政府の反対デモか何かで。どうやっ
て逃げますか？　そんなときには，地面に倒れてぐったりして完全
に身体を柔らかくすればよいでしょう。そうすれば警察官が抱き上
げるのが難しくなります。体を硬くしてしまえば，簡単に抱き上げ
られてしまいます。いずれにせよ，以上が運動学的な説明です。

　カナーによると自閉症児は，抱き上げに対して予期的調整をしま
せん。なぜそうなのかはわかりません。抱き上げられることが理解
できていないのか──できごとの順序を知覚できるのにこれができ

ないこともなさそうなのですが――あるいは予期的運動のプラニングに問題があるのか。とにかくなぜだかわかりません。あるいは意図の認識に問題があるのでしょうか。原因はわかりません。

定型発達児の 3 つの予期的調整

　私たちが研究を始めるまで，定型発達の赤ちゃんが，予期的調整ができるようになる時期がわかっていませんでした。赤ちゃんに予期的調整ができることはわかっていましたが，どのように予期するのか，何をするのかについてはあまりよくわかっていませんでした。そこで私たちが研究を行ったところ，赤ちゃんは 2 か月頃から，手を伸ばしているお母さんが，実際に自分に触れる前の身体の調整として，次の 3 つのことをすることがわかりました。

　1 つは，脚による調整です。脚を外に向けて伸ばし，地面から少し上げ，つっぱりました。たとえば大きなオムツをして座っていたとすれば，脚をつっぱるのです。そうすると身体全体が持ち上げやすくなります。あるいは脚をしっかり折り曲げて，縮めて上げたりします。赤ちゃんによってやり方は多少違いました。

　2 つめとして，腕の調整がありました。どの赤ちゃんも同じようにするというわけではなく，やり方はさまざまですが。

　そして 3 つめとして，頭を横に向けたり，上げたりしました。顎を上げる――この動作が何なのかよくわかりませんでしたが，仰向けに寝て顎を上げるとどうなるかというと，背中が曲がります。これもまた，身体をより強く，より硬く，より抱き上げやすいようにするための動作なのです。また，赤ちゃんがなぜ，お母さんが近づくと顔をそむけるのかがわかりませんでした。最初は，顔がぶつからないようにするためかと思いましたが，それではよくわかりません。説明のひとつとしてはおそらく，顔を横に向けると，首の強度，首のねじれ，硬さが増して，またこの場合もより抱き上げやすくなるのだと思います。

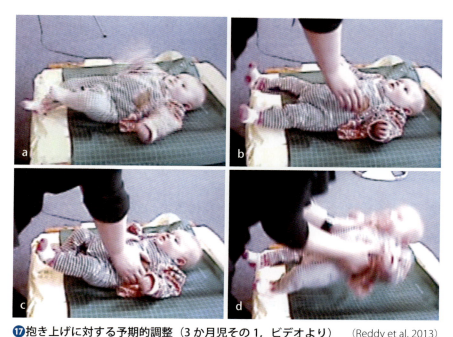

⓱抱き上げに対する予期的調整（３か月児その１，ビデオより） (Reddy et al, 2013)

予期的調整の月齢による違い

　これからいくつかビデオをお見せします。３か月の赤ちゃんの例です（⓱ビデオ）。お母さんに注目して下さい。ビデオに音声はありません。はじめにお母さんが赤ちゃんに話しかけます。赤ちゃんは興奮します（⓱a）。お母さんが手を広げて近づいてきます。そうすると興奮してばたばたする動作が減り，赤ちゃんは脚を伸ばしはじめます（⓱b）。赤ちゃんの脚を見ていてください。赤ちゃんは脚を伸ばしてつっぱり，脚を硬くします。お母さんが少し待たせると赤ちゃんは待ちきれない様子です。どうなるでしょうか。見てください。脚を見てください。興奮しています。そして脚。お母さんが待たせると赤ちゃんは頭を上げます（⓱c, d）。

　次に別の３か月児の例です（⓲ビデオ）。腕と脚を見てくださ

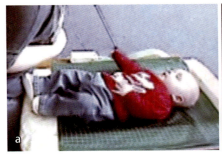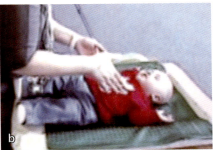

⓲抱き上げに対する予期的調整（3か月児その2，ビデオより）　　(Reddy et al, 2013)

い。腕を広げて脚を伸ばします（⓲ a, b）。

　これはまだ2か月の赤ちゃんの例です（⓳ビデオ）。この2か月児にも同じような動作がみられましたが，先ほどの3か月児ほど一貫性がありませんでした。どの赤ちゃんにもこれらの動作がみられましたが，3か月児ほど一貫性がありません。お母さんがお喋りします。そして近づいてきます。赤ちゃんが腕を伸ばします。ここでは片足だけ上げています。

　このグラフ（⓴）を見ていただくと，月齢ごとに2か月児から，3か月児，4か月児，というようになっています。また，それぞれに，「おしゃべり」「接近」，母親と触れた後を示す「接触」の期間に分かれています。緑の線は，特定の調整行為（頭，首，腕，腕と脚など）の継続時間を表しており，すべての月齢に共通していますが，接近から接触までの間に増加しています。点線で表されているのは，変則的な動きの「ばたつかせ」で，これは減少しています。

　大変興味深いことに，この月齢のほぼ全事例でそうなのですが，母親が乳児に近づくと，乳児の視線は母親の手ではなく，顔に向けられます。つまり，乳児は「行為が単に腕に在るのではなく，母親に在る」とみなしているのです。それは，4か月頃に変化します。4か月になると乳児は，手に注意がそそがれるようになり，手というものを凝視するようになります。これが，いわゆるその時期に発

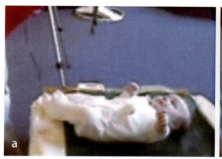

⓳抱き上げに対する予期的調整（2か月児，ビデオより） (Reddy et al, 2013)

達するといわれている，自分の手を眺めるという定型的な「手の観察行動（hand watching behavior）」です。

どのように指示的意図が理解されるようになるのか

　意図的関与についてもう1例ご紹介しましょう。赤ちゃんは，私たちが「それを触らないで！」「それを私にちょうだい」「あっちに行きなさい」「バイバイして」などと言った時，それが何を意味するか，どのようにわかるようになるのでしょうか。どのように「あなた（you）」が「彼ら（they）」にやってほしいと意図していることを理解しはじめるのでしょうか。それについては，理論上さまざまな見解の相違があります。そして，発達の仕方を正確に示すデータがほとんど存在しません。「赤ちゃんはイヌやネコとは違うから，指示を理解させるために報酬を与えて訓練する必要はないだろう」とひょっとして思われるかもしれません。確かにイヌやネコに対するような「ごほうび」はいらないでしょう。

　ところがインドと英国で行った異文化間研究でわかったことがあります。研究の対象にインドを選んだのは，私にとって故郷に帰れるということもありますが，インドでは「指示」が多いからです。皆さんにインド人の知り合いがいるかどうかわかりませんが，インドではどんな家庭でも「これをしなさい」「そっちに行ってはいけ

- 特定の調整行為：接近の間に増加
  ・脚の伸ばし / 脚の折り曲げ；腕広げ / 揚げ / 後ろ押し；頭 / 顎の上げ / 横向け
- 一般的動き / ばたつかせ

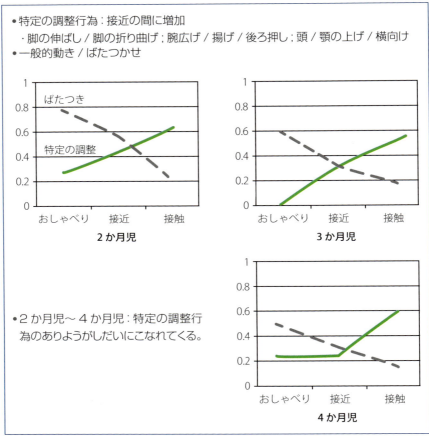

- 2か月児〜4か月児：特定の調整行為のありようがしだいにこなれてくる。

❷特定の予期的調整　　　　　　　　　　　　（Reddy, Markova & Wallot, 2013）

ません」「座りなさい」「だめだめ。もっとちゃんとやりなさい」と
日常生活のなかで常に多くの指示が出されます。そんななか，うま
く切り抜けて生きていくには，指示の取捨選択を学ばないといけま
せん。指示が多いので，インドは，社会的文脈による相違を比較研
究するのに適しています。

> - きわめて初期における遠方からの指示——コミュニケーション機能
> - 家族に固有なかかわりの中での意図の埋め込み——気づきの抽出
> - 指示およびそれへの応答について，それらの開始，頻度，特性が文化的に多様である。

㉑行為と協調への引き込まれ (Reddy et al, 2013)

指示的意図の理解——異文化間比較

　そこで私たちは，大人の指示の頻度とそれに対する乳児の反応についての縦断的研究を行いました。そこでわかったのは，インドでは何度も繰り返し指示を与え，乳児を文化的なパターンに合った「かかわり」に引き込んでいるということです（㉑）。文化的パターンとは，たとえばおばさんに「ナマステ（こんにちは）」をするやり方，あるいは「神様の絵」に向かってどのようにお祈りをするか，といったようなたくさんの事柄です。

　英国でもインドでも共通しているのは，指示の大部分が肯定形だということです。「さわってはいけません」「やってはいけません」などの否定形の指示はあまりありません。確かにそういう指示もありますが，「これをしなさい。あれをしなさい」といったように，おおむね指示は肯定形です。私たちは，発見したパターンに実に驚きました。

　これから2つのビデオをお見せします。また，研究でわかったことを示すグラフをお見せします。最初のビデオではジャックという男の子がでてきます（㉒ビデオ）。ジャックの母親が「ボールを蹴って」と言います。ジャックは「ボールを蹴る」という意味がよくわかりません（㉒ a）。でも繰り返して言われているうちにある時点で，おそらく最初は偶然に，理解します。こんな感じです。「ジャック，ボールを蹴って」。偶然，ジャックがボールを蹴ります（㉒ b）。「おりこうさんね！」それがお決まりのゲームのようになり（㉒ c），それを通じて特定の「意図」が明確になります。ま

31

㉒指示的意図の理解（7か月，ビデオより）　　　　　　　　　　（Reddy et al, 2013）

　た，それだけではなく「意図」が理解されるようになります。そして「指示に従う」という観念，指示されているという観念が，他者の「意図」によってわかってきます。

　次のビデオはインドでの例です（㉓ビデオ）。母親が男の子に「座りなさい。座りなさい」と言っています（㉓ a, b）。両方とも6.5か月児のケースです。「ジャンプして」とお母さんが言っても男の子は意味を理解しません（㉓ c）。このビデオから，まだ6.5か月なのに指示や命令が理解できると考えるなんて「ばかげている」という結論が得られます。しかし，実はそうでもないのです。指示が，環境や社会的文脈，日常の慣例，遊びなどのなかに埋め込まれていると考えるなら，6.5か月で指示や命令が理解できると考えて

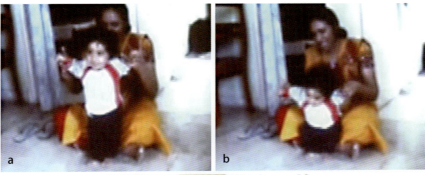

❷❸指示的意図の理解（6.5 か月，ビデオより）

もさほど「ばかげていない」のです。

月齢ごとの指示すること／従うことの発生頻度

　こうした例は，英国（ポーツマス）でもインド（ハイデラバー
ド）でもみられました。英国の例を見てください（❷❹）。上の線は
6 か月半，8 か月，9 か月半，11 か月，12 か月半といった特定の月
齢ごとの時間あたりの指示頻度です。点線は，乳児が指示に従っ
た頻度を示しています。ずっと同じ比率で続いているわけではあり
ません。英国と比較してインドにおいてより顕著なものの，両方に
共通していえることは，6.5 か月児に対しての指示が一般的にみら
れ，そしてたとえ 6.5 か月児であってもときどきは指示に従うこと

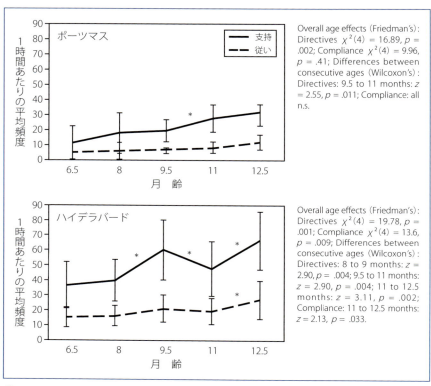

㉔年齢ごとの指示すること／従うことの発生頻度
両親の指示することと，乳児が従うこと：時間あたりの平均出現頻度。

(Reddy, Markova & Wallot, 2013)

が普通に観察されました。

　他者の「意図」を理解するという意味においてここで観察されていることは，「意図性」の概念的な発見のようなものとは異なります。人間を介して意図的な「かかわり」に引き込まれ，特定の「かかわり」を徐々に認識するようになるということです。理解のためには「参加」が大切です。大切なのは，概念でもなければ理論でもありません。昨今では6か月児も言葉を理解するという研究も多く出てきました。

- モノをくれるふりをして引っ込める。
- いうこときかない/ほとんどいうことをきかない（フリ）。
- 行為をさせまいと邪魔する。
- モノを隠す。
- 自分を引っ込める。

自閉症児には困難

㉕ 9か月からの乳児によるからかいのタイプ

（Reddy, 1991, 2007, 2008; Reddy, Williams & Vaughan, 2002）

乳児による「からかい」

　「意図的かかわり」についてもうひとつお話ししたいと思います。 赤ちゃんは「意図」を理解し，それに従うだけではなく，からかい（teasing）をしたり，期待を裏切ったり，他者の意図的行為を邪魔したりします。たとえば床を掃除しようとしていると，赤ちゃんが来て，ど真ん中に座り，こちらを見てほほ笑んだりする，ということがあります。何か取ろうとすると赤ちゃんが，ふざけて落としたりします。ふざけて「からかう」のは，8～9か月以降にみられるようになります。

　「からかい」にはたくさんのタイプがあります（㉕）。よくみられ

るのは「モノをくれるふりをして引っ込める」ことです。手を伸ば
して取ろうとすると赤ちゃんは，それを後ろに引っ込めて笑いま
す。とてもよくあることです。ほかには，あなたの感情を逆なでし
ようとして，触ってはいけないもの（コンセントや他のつまらない
もの）を触るなどします。「モノをくれるふりをして引っ込める」
例をお見せします（㉖ビデオ）。探そうとしさえすれば，日々の生
活にこうした例はたくさんころがっています。

　「からかい」は8か月児によくみられ，50%にみられます。そし
て，1年目の終わりに近づく頃には，かなり一般的になります（㉗）。

社会的認知に対する二人称的アプローチとは

　そろそろまとめに入ります。これが最後のスライドです（㉘）。
少しの間見ていきましょう。私が提唱したいのは，社会的認識がど
のように発達するのか理解するためには「二人称的かかわり」の理
解が真に必要で，また，そこからスタートしなければならないとい
うことです。「二人称的かかわり」のなかでしか社会的認識の理
解が得られないという意味ではありません。また「二人称的かかわ
り」のなかでしか発達を理解できないという意味でもありません。
しかしながら，「二人称的かかわり」こそ，はじめから最も重要で
不可欠なものです。そして，人の一生を通じて，他のタイプのかか
わりと同様に，重要であり続けます。

　まとめて言うとすれば「二人称的かかわり」とは，単に他者に注
目を向けたり，他者に向かって指示をしたりすることではなく，
「かかわる」ことなのです。いわゆる「結びつき（connection）」
であり，「相互的関与」なのです。私は，皆さんを眺めているだけ
で「かかわり」をもたないこともできます——よくある現象だと思
いますが。しかしそれでは，最も豊かな理解が生まれるような土壌
とはなり得ないのです。必要なのはその瞬間の共同であり相互的関
係で，「予想できない結果」を導く関係です。私がこれを「予想で
きない結末」と呼んだのは，私にとって……（以下の説明で「予想

㉖乳児のからかい（ビデオより）　　　　　　　　　　　(Reddy, 1991, 2007)

外」「驚き」について語り直す）。

会話の最も重要な刻印：「驚き」

　ユダヤ人の宗教哲学者，マルティン・ブーバー（Martin Buber, 1878 〜 1965：オーストリア出身）をご存知でしょうか。ブーバーは「我－汝」的な関係と「我－それ」的な関係を区別して考えました。「我－それ」的な関係において私たちは，ミミズや生

	からかいの広まり	12か月以前のからかいのタイプ
8か月観察事例（%）	50%	**モノの提供 – 引っ込め**
11か月観察事例（%）	93%	モノを隠す / 引っ込める
14か月観察事例（%）	100%	自己の近づき – 引き下がり
自閉症児*	35%	**不服従の誘い込み**
ダウン症児	91%	ウソの要求 / 拒否
		遊びとしての傷つけ
		他者の行為の邪魔
	(* Reddy et al, 2002)	共同行為を邪魔する

㉗からかいの広まり

き物や虫を顕微鏡で観察するように人間を観察します。「我－汝」的な関係においては、「私」は、「あなた」と「かかわり」を持ちます。「かかわり」を持つ時間は、ほんのしばらくの間しか継続しないとブーバーは言っています。しかしながら、そのような「我－汝」的な関係が、私の言っている「二人称的かかわり」です。また、ブーバーはこうも言いました。どんな対話においても、会話の最も重要な刻印、すなわち完全なる刻印とは、「驚き」です。もし会話に「驚き」がないならば、それは純粋な会話とは言えません。

なぜ「驚き」が大切なのでしょうか。それは「驚き」が、決められた筋書通りではなく、未知なるものだからです。また「驚き」があるということは、二者の間での、あるいは複数の間の「関係」が開かれたものであることを意味します。計画外の方向に向かうこともあるし、まったく予想外の方向に行ったりもします。皆さんにも「とても良い、深い会話ができた。最初はそんな会話になるとは予想もしていなかった。けれども、どういうわけかそういう会話をすることができた」という経験があるのではないでしょうか。

つながりの時間、情動的つながりの時間、未知へと旅する時間。私が言っているのはこうした時間です。そのなかでは発達も可能で

二人称的かかわり

- 他者に注意を向けることや他者に行為を向けることだけを意味しない。
- その時点での「共同」の，相互的な関係であり，予想できない結果に導く関係。
- 相互の「かかわりあい（巻き込まれ）」であり，指令性はない。

  ……それぞれが相手に"振り向く"のであり，両者が相手の振り向きが与える影響を知覚する。
- 情感的結合の瞬間
  - 自己と他者の気づきの高まり。
  - 発達の新しい機能，形式，方向づけの創出。フォースター曰く，"情動に終わりはない。それを表せば表すほど，ますます表さずにはいられなくなる。"（英国人の特性についてのノート）
- 情感的リズムのかかわり
  - すべての行為の拡散的特徴としての，行為や表現の時間的流れのなかで強さやパターンのダイナミックな変化（Stern, 1985）は，
  - 心臓の鼓動さえをも含めた対人同期性（synchrony）に影響を及ぼすほど強力なものになりうる。

情動経験 / 社会的理解

- 概念的に統一されるべき。

理論の再考

参与的方法の難しさを超えて

❷❽社会的認知に対する二人称的アプローチ

す。「かかわり」が生まれれば，まだ知らない道ができていくのです。その過程で大切なのは，情動的つながりであり，他者とつながっているという感覚であり，他者が行う行為の律動に巻き込まれることです。ただ，それに関しては，詳しいことは必要ないと思いますのでお話ししないことにします。

理解には理論が必要か

　さて，最後にもうひとつお話ししたいと思います。これについて

は1分でお話しします。情動的理解，社会的理解，社会的認知について論じる際には，情動的な経験と理解に関して，概念が統一されていることが必要です。さもないと私たちは，何か無味乾燥で現実と乖離していることを取り扱っていることになってしまいます。また，理論の再検討も必要です。要するに私が言いたいのは，「人間の理解に本当に理論が必要なのだろうか」ということです。

　もっと根幹的で，もっとシンプルで，もっと感情を伴い，もっと私たちができるようなこと。それが必要なのではないかということです。私たちは，個々の瞬間のなかで「理解」しているのであり，ただそれらの「瞬間」について考えることで理解するのではありません。つまり私は『心を理解するには，「心の理論」が必要である』という考えにはきわめて懐疑的です。簡単に言ってしまうと，心というものを独立に切り離して考え，その理解には理論が必要であると考えることには問題があると考えているのです。

参与観察と科学

　最後になりますが，乳児の社会的認識を研究するためには，あえてリスクを冒して参与的方法（participatory method）を取らなければならないと考えています。なぜリスクなのでしょうか。それは，科学において参与からはじめると，科学自体を変えてしまうからです。これは問題です。私たちは，厳格な客観的な管理のもとで実験・観察を行いたいからです。あなたが参与すると，そのことが難しくなるのです。しかし，実際の現象が現実の関係性の中で生じるということが真実であるとすれば，関係性に基づかない方法で観察して，何らかの真実が見つかったなどと言えるのでしょうか。

　これは方法論上の問題です。それは捉え方の問題で，客観性ということを関係論的に捉えるという考え方にはまだ至っていないのです。どのようにしたらよいのか，まだあまりよくわかっていないのです。これは，私たちのこれからの課題です。人類学の分野でこれは，参与観察（participant observation）という形で行われてきま

した。心理学はまだそこまで到達していないのです。なぜなら，関係性に基づかない「客観性」という考えに依然としてしがみついているからです。

　この辺りで終わりにしたいと思いますが，私は，次世代が実際にこの課題に取り組んでいってくれることを期待しています。

當眞千賀子

　ということで，やはり通訳をする時間がなかったですけれども，いちばん最後の "risking participatory method" というところだけ，ちょっと膨らませて通訳します。

　今日のお話し全体に通底していることですが，方法論的に客観的な観察によって真実に迫るということで，なるべく起きていることに影響を与えないようなスタンスで研究するということが大事であると，実験的な方法では言われてきたわけなのですけれども，きょうのお話の底に流れているのは，起きている現象そのものが関係性のなかで生まれるものなので，人間である研究者がそこに関与するときに，ここだけが関係性はなくて（研究的に関与している時だけ関係性が捨象されて），まるで人ではないものが客観的に観察しているような形のベースでもって関係性を研究するという，このパラダイム自体に深刻な限界があるという主張です。ですから，研究者も含めて関与しているということを織り込んだ研究の方法というのが，これからのチャレンジであるということですね。

　ですから，客観性ということをいうのであれば，関係性に基づいた客観性というような発想を，どうやって作っていくのかということが大きなチャレンジであると。必ずしもまだ十分によい方法がみつかっているわけではない。人類学は，参与観察という形でそこにチャレンジしてきたのだけれども，発達心理学はまだまだではないかということです。

●文献

1）Buber, M. (1923). Ich und Du/Zwiesprache. [マルティン・ブーバー. 田口義弘訳（初版 1978, 新装版 2014）『我と汝・対話』みすず書房]

2）Kanner, L. (1943). Autistic disturbances of affective contact. *Nervous Child* 2: 217-250.

3）Reddy, V. (1991). Playing with others' expectations: Teasing and mucking about in the first year. In: Whiten A ed. Natural Theories of Mind. Oxford: Blackwell, p.143-158.

4）Reddy, V. (2000). Coyness in early infancy. *Developmental Science* 3(2): 186-192. doi 10.1111/1467-7687.00112.

5）Reddy, V. (2007). Getting back to the rough ground: deception and 'social living'. Philosophical transactions of the Royal Society of London. Series B, *Biological Sciences* 362(1480): 621-37.

6）Reddy, V. (2008). How infants know minds. Harverd University Press. [ヴァスデヴィ・レディ. 佐伯　胖訳 (2015)『驚くべき乳幼児の心の世界―「二人称的アプローチ」から見えてくること』ミネルヴァ書房]

7）Reddy, V. (2008). Chapter Nine. Mind knowledge in the first year: Understanding attention and intention. Blackwell handbook of infant development. John Wiley & Sons, p.241.

8）Reddy, V., et al. (2007). Facing the perfect contingency: interactions with the self at 2 and 3 months. *Infant Behavior & Development* 30(2): 195-212. http://dx.doi.org/10.1016/j.infbeh.2007.02.009.

9）Reddy, V., et al. (2013). The emergent practice of infant compliance: An exploration in two cultures. *Developmental Psychology* 49(9): 1754-62. doi: 10.1037/a0030979.

10）Reddy, V., Markova, G, & Wallot, S. (2013). Anticipatory adjustments to being picked up in infancy. *PloS One* 8(6): e65289. doi: 10.1371/journal.pone.0065289.

11）Reddy, V., Williams, E. & Vaughan, A. (2002). Sharing humour and laughter in autism and Down's syndrome. *British Journal of Psychology* 93(Pt 2): 219-242.

12）Starn, D. N. (1985). The Interpersonal World of the Infant. Basic

Books.［ダニエル・スターン．小此木啓吾ほか訳（1989）『乳児の対人世界（理論編）』，小此木啓吾ほか訳（1991）『乳児の対人世界（臨床編）』岩崎学術出版社］

ミニ・レクチャー 1

想像するちから

チンパンジーが教えてくれた人間の心

松沢 哲郎

Summary

人間の心は体と同等に進化の産物である。人間の親子関係も，教育も，文化も，みな進化の産物だ。では，どのように進化してきたのか。心も脳も歯や骨のようには化石には残らない。心の歴史を知るには近縁な種との比較が重要だ。共通する特性は共通祖先から受け継ぎ，違うものは人間として進化する過程で身につけたと考えられる。チンパンジーのゲノムの塩基配列の 98.8％までが人間と同じで，約 600 万年前に共通祖先がいた。アフリカと日本で，野外研究と認知研究を並行して行ってきた。その結果，人間に固有なこころ，ことば，きずなの在り方が見えてきた。一言でいうと「想像するちから」だ。「人間とは何か」についてお話ししたい。

はじめに

　中山人間科学振興財団25周年の創立記念，おめでとうございます。

　人間科学と題した財団の，こういう記念のシンポジウムで，チンパンジーの研究を通した人間の心についてお話しさせていただくことを大変嬉しく存じます。

　きょうのお話のポイントは，人間とは何かという問いに答えるときに，当然皆さんは人間をさまざまな角度から研究するわけですが，人間の身体が進化の産物であるのと同様に，人間の心も進化の産物だということで，その進化的な起源を比較認知科学，人間とそれ以外の動物を比較するという視点から，その歴史的な経緯，人間の心の歴史的な経緯を調べる，そういう研究の成果についてお話ししたいと思います（**❶**）。

野生霊長類の生息する唯一の先進国：日本

　これはニホンザルですよね（**❷**）。一般に意識されないのですけれども，先進国の中でサルがすんでいるのは日本だけです。アメリカザル，ドイツザル，イギリスザル，フランスザルというのはいませんから，G7やサミットの国の中でサルがすんでいるのは日本だ

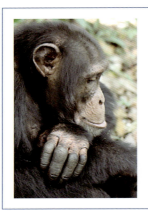

「人間とは何か」という問いに答える

人間の体も，そして心もきずなもまた，進化の産物である。

その進化的起源を比較認知科学という視点で考える。

❶講演の目的

❷ニホンザル

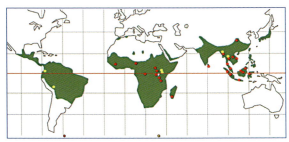

❸野生霊長類の生息する唯一の先進国・日本
北米と欧州にサルはいない。●京都大学霊長類研究所の霊
長類の調査地。●同研究所の化石の調査地。

❹宮崎県の幸島のサルのイモ洗い
（Tetsuro Matsuzawa）

❺志賀高原の温泉につかるサル
（Zhang et al, 2007）

❻小豆島のサル団子
（Zhang & Watanabe, 2007）

❼世界自然遺産の屋久島
(Tetsuro Matsuzawa)

❽屋久島のシカ

けです。北アメリカとヨーロッパにサルはいません。世界地図の中で中南米，アフリカ，インド，東南アジア，日本に，この緑色の場所にサル類はすんでいます（❸）。

　ニホンザルがいるということが背景になって，霊長類学，サルの研究というのは日本から世界に向けて発信してきました。

　「宮崎県の幸島というところで野生のサルを見に行った。1948年12月3日」というように，学問の濫觴（らんしょう）をピンポイントで指摘できる珍しい学問なのですが，そこのサルがイモ洗いをするということで有名になりました（❹）。また，あるいは温泉に浸かるサル，志賀高原のサルをご存じの方も多いかもしれません（❺）。

　重要なことは，幸島でイモ洗いをしていて，志賀高原で温泉に浸かっている。それぞれの場所で，ある種の生態学的な制約はあるのですけれども，ユニークな文化がある。あまり一般に知られていない，サル団子という，小豆島のところでだけ見られるのですけれども，押しくらまんじゅうのように集まっている（❻）。

シカに乗る屋久島のニホンザル

　南の屋久島。私はきのう西表島から帰ってきたばかりなのですけれども，気温は32度でした。屋久島にはサルがいて（❼）シカがいます（❽）。サルがいてシカがいる。サルがいてシカがいると，

❾ シカに乗る屋久島のニホンザル（Andrew MacIntosh, KUPRI）

❿ シカに乗る屋久島のニホンザル（ビデオより）（Morgane Allanic）

サルがシカに乗る。サルがシカに乗るのですよ（**9**, **10**）。こういう行動がまだちゃんとした論文になっていないぐらい，こういう行動がまだまだニホンザルの世界にはありますので，ご紹介します。

同所的にサルとシカがすんでいると，最初に乗ったサルはロデオという名前が付いたのですが，ロデオ君がロデオをするようになった。それがだんだん群れに広まっていった（**10**）。乗っています（**10** a）。もう一人乗ります（**10** b）。この子は左手で「ハイシドードー」とやっていますね（**10** c）。「行け，行け」と。「ハイシドードードー」とやると，動き始めます。

私がけっこう面白いなと思うのは，サルとシカの間のこのインタラクションというところに目を広げると，シカの側からも働きかけがあります。一方的に乗られているだけではない。若いサルが乗りました。乗ろうとする。振り落とす。今度はシカのほうからサルのほうへ近づいていって，まるで遊びかけるような行動（**10** d）……こういうインタラクションがあるのですね。

もう霊長類学というのが始まって70年近く経とうとしているのですが，まだまだ新しい，人々の知らないニホンザルの行動の側面があるということがわかってきました。

人間とは何か

私の場合には，ニホンザルの研究というのが一段落した第二世代ですので，ニホンザルではなくチンパンジーを研究の対象にしました。

現生のヒト科は4属です（**11**）。ヒト科ヒト属と呼ばれますが，ヒト科ヒト属ヒトというと，すごく特別な動物がいるかのように思われますけれども，ヒト科チンパンジー属です。ヒト科ゴリラ属です。ヒト科オランウータン属です。ヒト科は4属です。というのはぜひ認識してください。

では，ニホンザルと彼らはどこが違うか。尻尾がありません。チンパンジーは尻尾がないです。ゴリラもない。オランウータンもない。人間もない。尻尾がない体の大きなサルのことをヒト科と呼んでいま

現生のヒト科は4属

オランウータン
ゴリラ
チンパンジー
ヒト

❶❶人間とは何か？

❶❷オランウータンの母子
（Tetsuro Matsuzawa）

❶❸ゴリラの母子
（Tetsuro Matsuzawa）

❶❹チンパンジーの母子
（Tetsuro Matsuzawa）

❶❺ボノボの母子
（Tetsuro Matsuzawa）

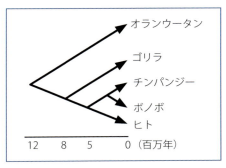

⑯ヒト科の分岐と推定年代
チンパンジーには同属別種のボノボがいます。

す。これはオランウータン（⑫），これはゴリラ（⑬）。お母さんと赤ちゃんですね。これがチンパンジー（⑭）。これはボノボ（⑮）。お母さんと赤ちゃんというのはデフォルトです。必ずそういうものがいる。

　オランウータンがいちばん遠くて，ゴリラが次に遠くて，チンパンジー，ボノボは同じ距離でヒトに繋がっている（⑯）。そういう系統関係になっています。98.8％までゲノム塩基配列が同じだということがわかっています。1.2％しかヒトとチンパンジーは違いません。

　去年初めて hunter-gatherer……狩猟採集民も見に行きました。エフェ・ピグミーというカメルーンにいる採集狩猟の方々なのですけれども，ピグミーですから小さいですね。こういう家族ですんでいます（⑰〜⑲）。こういう家にすんでいます（⑳）。

　なぜピグミーを見に行ったかというと，チンパンジー，ゴリラと同所的にすんでいるからです。同じ熱帯林にすんでいるチンパンジーとゴリラと人間を比較するという研究を，これから進めていきたいなと。

　そういうなかで，親子関係だけではない関係，こうやって年下の弟妹の面倒をみるというような（㉑，㉒），人間の社会に特異なものが見えてきました。

❶⓻エフェ・ピグミー（その1）

❶⓼エフェ・ピグミー（その2）

❶⓽エフェ・ピグミー（その3）

❷⓪エフェ・ピグミーの家

❷①エフェ・ピグミーのきょうだい（その1）

❷②エフェ・ピグミーのきょうだい（その2）

㉓アイ・プロジェクトは 1977 年 11 月から継続
（Matsuzawa, 1985）

㉔ギニアのボッソウでの野外研究を1986 年 2 月から継続
（Yena Kim）

チンパンジーの全体像を理解するための実験研究と野外研究

　きょうの話は，これまで行ってきたチンパンジーの研究です。アイ・プロジェクト。主要な被験者であるアイというチンパンジーの名前をとってアイ・プロジェクトというプロジェクトが，1977 年の 11 月，1 歳のときにアイが来たときから継続しております（㉓）。来年になるとちょうど 40 年続いているというプロジェクトになるのですが，そのチンパンジーを主要な被験者として研究を行ってきたと。きょうの最初のお話との関連で言うと，ある意味，「二人称」に近い研究を行ってきました。

　私の場合には，ほかの研究者と際立って違っているのが，フィールドワーカーでもあって，アイ・プロジェクトで実験研究をするのですけれども，毎年 12 月，1 月にはアフリカへ行って，野生のチンパンジーの研究をする。野生のチンパンジーの道具使用や親子関係の研究をするということを 1986 年から続けてきましたから，ちょうど 30 年見ているわけです（㉔）。

　そこのチンパンジーは石器を使うことで有名です。いまのように日本での実験研究，アフリカでの野外研究，日本での実験研究，アフリカでの野外研究，日本での実験研究，アフリカでの野外研究……日本とアフリカを行き来して，何とかそのフィールドワークと

㉕京都大学霊長類研究所と公益財団法人日本モンキーセンター

ラボラトリーワークを合わせて，チンパンジーの丸ごと全体を理解したいと思っているわけです。

チンパンジーの認知科学実験の様子

　霊長類研究所は愛知県の犬山市にあるのですが，そこでの現状をお見せします（㉕，㉖ビデオ）。

　高さ 15 メートルのタワーがあって（㉖a），これは屋外運動場です。これが大きなケージに繋がっています（㉖b）。チンパンジーは自由に内と外を行き来できて，チンパンジーの目から見ると，高さ 4 階建てのところに，1つ，2つ，3つ，4つとブースと呼ぶテストのための小部屋（㉖c）に，1日 24 時間好きなときに行けるようになっています。

　そこで認知的な課題を与えるわけですが，それはあらかじめ実験者がコンピューターとやり取りをしてコントロールして，実際には全自動で行われます。これは数字の実験ですね。1, 2, 4, 7, 9 と触れば，小さいものから順に触れば成功です（㉖d）。ご褒美が出てきて（㉖e），8 ミリ角のリンゴなのですが，アフリカのアンティアリス・アフリカーナという実と同じ大きさで，そういうものを採

❷❻チンパンジーの認知科学実験の様子（ビデオより）

(Matsuzawa, T. & Nakamura, M., 2014. Sky-Lab and Walk-in Booths: The two fundamental freedom for captive chimpanzees: Freedom of feeding and freedom of fission-fusion ranging.)

食するという場面をシミュレーションさせるということをしています。いつ入ってきてもよいです。いつやめてもよいです。そこが実験場面の特徴で，好きなときに来る。好きなときに去る。別のチンパンジーがやってきて，また別のことをする。誰が勉強しているかを見ないといけませんから，ビデオカメラを使って（❷❻ f），誰が目の前にいるのかを顔認証で個体識別して，ひとりひとり学習の進度が違いますから，その子に合わせた勉強をするということをやっています。

❷❼ボッソウのチンパンジー

❷❽石器を使って，アブラヤシの固い種を
叩き割るジレ（Tetsuro Matsuzawa）

チンパンジーの野外研究の様子

　一方，アフリカでは，その野生のチンパンジーの自然な暮らしの
中での彼らの知性を調べようということで（❷❼），この場合には，

きずな：

仰向け姿勢

㉙人間とは何か？

明らかに三人称の科学をするのですけれども，強いて言えば，石になる，風になる，木々になる。そのような感じで自然の中のひとつのものとして自分がそこにいることが，チンパンジーに何の影響も与えない。そういう場面を作って，その中に実験的な要素を盛り込んでいます。石をよく見ると番号を振ってあるのですけれども（㉘ビデオ），何番の石を誰がハンマーに使うのか，打石に使うのか。この方は中年の女性ですが，右手で種を拾って，硬い殻の種を石に乗せて叩き割ります（㉘ a）。カツカツカツと叩き割って（㉘ b）中の核を食べる（㉘ c）。こういう行動がここのチンパンジーの文化的な伝統で，アフリカ広しと言えども，ここでしかしません。では，そういうものを子どもはいつ頃どのように学んでいくかというようなことを研究しています。

きずな——仰向け姿勢の大切さ

今日は，こうした日本での実験研究とアフリカでの野外研究の中から，「これがチンパンジーだ，だからこそこれが人間だ」と言える，人間らしい人間の特徴として，「きずな，心，ことば」という側面についてお話をします。

きずなを考えるときにとても重要なのが，仰向け姿勢だと常々指摘してきました（㉙）。直立二足歩行という直立姿勢ではなくて，

㉚ Classic way: cross fostering（その1）　　㉛ Classic way: cross fostering（その2）

赤ちゃんが安定してとれる仰向け姿勢こそが人間を進化させた。そう言っています。

　チンパンジーと人間を比較するというのは私が始めたわけではありません。欧米の研究者がそういうことを大体100年やっていますね。100年前からやってきました。欧米の方々はどういう方法をとるかというと，チンパンジーの赤ちゃんをお母さんから離して家庭へ連れて来て，人間の子どもと一緒に育てると。物理的に同じ環境で育てますから，刺激としては同じです。でも，人間の子どもはことばをしゃべるようになる。チンパンジーの子どもはことばをしゃべるようにはならない。だから，ことばというのは人間にとって本質的な生得的なものなのだと。そう結論する。

　論理的にはそうですが，私自身がそれをやってみたというか，チンパンジーのお母さんが育児放棄してしまって，やらざるを得なくなった。家庭にチンパンジーの赤ちゃんを連れて帰って育てると（㉚，㉛）。やってみてすぐわかったのですが，この比較はフェアではない。全然フェアではない。なぜなら，うちの子どもには父親がいます，母親がいます。でも，チンパンジーにはいないわけですよね。本当の親ではないものに育てられている。本来の暮らしではないところに無理矢理適応していく様子を見ることになる。だから，こういう比較は全然フェアではないし，科学的ではないし，倫理的

❸❷ 母親から離されたチンパンジーの赤ちゃん

❸❸ 2000 年にアイが息子のアユムを出産
出産直後の写真で，まだ胎盤とへその緒がついている。

❸❹ チンパンジーの参与観察の開始

でもありません。チンパンジーの赤ちゃんを親から離すと，まるでうつになったような感じです（❸❷）。チンパンジーの赤ちゃんを親から離してはいけない。では，どうするか。

チンパンジー母子の参与観察

　アイが24歳のときにアユムという息子を生みました。まだ胎盤とへその緒が付いていますから，出産直後に私が部屋の中に入って撮った1枚です（❸❸）。このときに，「では，どうしようか」と。これまでの欧米のやり方と違う何か独創的な方法はないかと考えて，参与観察，パーティシパント・オブザベーション（participant observation）というのを提唱しました（❸❹）。

㉟ 2005 年，アユム 5 歳（中央）　　㊱ 2009 年，アユム 9 歳（左）

㊲積木つみの参与観察（Hayashi & Matsuzawa, 2003）

　幸いチンパンジーのお母さんと研究者の間には長い歳月をかけて
培ったきずながありますから，お母さんに助手になって手伝っても
らって，お母さんが育てている子ども，その子どもの発達の様子を
調べる。彼女ら，アイとアユムという息子ですが，その日々の生活
の中に入り込んで，自分自身が，この三者関係，研究者，お母さん，
赤ちゃんという三者関係の中で紡ぎ出される赤ちゃんの発達を見て
いこうと。期せずして二人称の方法になっているわけですけれども。
2005 年にはアユムが 5 歳になります（㉟）。2009 年にはアユムが 9
歳になります（㊱）。このように赤ちゃんのときからずっと日々を
一緒に共に過ごす中で，そのチンパンジーというものを理解する。
　もう一度参与観察をおさらいしますけれども，まったくこれで，

㊳チンパンジーとの相互信頼による皮下注射の例（ビデオより）

欧米の心理学者が100年前に考えたのと同じ論理に立つわけですよね。人間とチンパンジーがまったく同じ状況の中で比較することができます。ただ，一点違うのは，赤ちゃんを親から離さない。赤ちゃんを親から離してはいけない。赤ちゃんはお母さんに育てられる権利がある。赤ちゃんがお母さんに育てられているそのものを，参与観察という形で部屋にやってきてもらって，お母さんに手伝ってもらって，「このように積み木を積めるかな」ということを人間のお子さんにもテストし（㊲a），チンパンジーにもテストする（㊲b）。そういうことをやってきたわけです。

チンパンジーとの相互信頼関係（mutual trust）

そういう関係は作っていますから，こういうこともできますし，この間のことですが，年1回の定期健診です（㊳ビデオ）。注射を打ちます。注射が好きな人も注射が好きなチンパンジーもいないのですが，対面の場面で注射をブスッとさします（㊳a）。

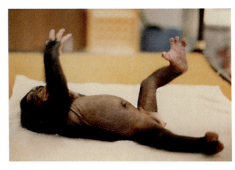

❸❾仰向けで安定しないチンパンジーの
赤ちゃん
（Tetsuro Matsuzawa）

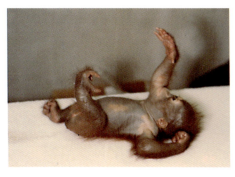

❹⓪仰向けで安定しないオランウータン
の赤ちゃん
（Tetsuro Matsuzawa）

　それは私のことばで言う mutual trust……相互の信頼関係，相互
の尊敬というものがあれば，どれほど痛いものであっても我慢し
てもらえる。欧米であると，こういうのは positive reinforcement
training というのですけれども，そういうことは一切しません。何
のトレーニングもない。相互の信頼だけがある。
　相互の信頼だけがある中で，ケタミンを注射します。皮下注射で
だいぶ盛り上がってしまいましたから，ケタミンを今度はよくほぐ
してあげる（❸❽ b）。これはアイが特別なのではないですよ。ほか
のチンパンジーでもできます。寝てくださいと。バッタリ倒れたり
するといけないので，横になってもらいます（❸❽ c）。麻酔が効く
前に適切な対応をとってあげる。麻酔ができました。

㊶生まれて3か月間，一時も離れることがないチンパンジーの母子
(Tomomi Ochiai)

仰向けで安定しないチンパンジーやオランウータンの赤ちゃん

　こういう参与観察という手続きのなかで，チンパンジーとの間の関係を作りつつ，いろいろな形でチンパンジーの発達を調べてきました。そのなかで，かなり初期にすでに気がついたこととして，チンパンジーの赤ちゃんが仰向けで安定しないということがあります。

　仰向けにすると，チンパンジーの赤ちゃんは右手と左足が上がります（㊴）。しばらくすると，5～6秒経つと，左手と右足が上がります。また5～6秒経つと，右手と左足が上がる。全然安定しないのですよ。最初は意味がわかりませんでした。何をしているのかがわからない。でも，次にオランウータンの赤ちゃんを見たら，まったく同じことをします（㊵）。これがチンパンジー。これはオランウータン。チンパンジー，オランウータン，チンパンジー，オランウータン（スライドを繰り返す）。同じですよね。何をしているか。もがいているのですよ。お母さんにつかまりたい。

　チンパンジーやオランウータンの赤ちゃんにとってみたら，1日24時間，生まれて3か月の間，一時もお母さんから離れることがありません（㊶）。いちばん大きな違いは，人間は地上性だけれども，チンパンジーやオランウータンは樹上性ですよね。お母さんから離れて仰向けの姿勢をとったら，落っこちてしまうわけでしょ

㊷生後11日目の人間の赤ちゃん
（Matsuzawa, 2006）

**㊸人間の赤ちゃん（生後11日目）にみ
られる自発的微笑**
（Matsuzawa, 2006）

う。樹の上ではお母さんにしがみついていなくてはいけない。だか
ら，四肢の末端は物をつかむようにできています。仰向けで安定す
るという姿勢は，樹上性である彼らにとってはまったく意味を持た
ないということに，改めて初めて気がつきました。

母親から離れて赤ちゃんが仰向けで安定していられる──
人間

　人間の赤ちゃんの場合は，仰向けで安定していますよね。その仰
向けで安定しているという姿勢のなかで，たくさんの豊富な，チン
パンジーなどにはなかなか見られない豊かなコミュニケーションが
あります。

　たとえば，これは生まれたばかりの生後11日目の赤ちゃんです
（㊷）が，じーっと顔を見ていると，ニッと笑います（㊸）。赤ちゃ
んはニッと笑いますよね。いわゆるあの新生児期の自発的な微笑が
あります。人間の赤ちゃんだけです。これほどにこやかにほほ笑ん
でくれるのは。それで，お父さんとお母さんとしてはすごく嬉し
い。赤ちゃんが笑ってくれた。でも，目は閉じているでしょう。だ
から，お父さんとお母さんに向けてニッとほほ笑んでいるのではな
いのですよ。

母親と赤ん坊が離れていて，赤ん坊は仰向け姿勢で安定していられる

❹❹人間とは何か？

仰向けの姿勢が人間を進化させた

顔と顔をあわせ，ほほ笑む，見つめる。
声に出してやりとりする。
自由な手で物を操作する。

❹❺人間とは何か？

これはほほ笑むようにできている。周りのおとな誰にでも，お愛想よくほほ笑みを振りまく。そのようにできています。これが3か月ぐらいになると，目はぱっちりと開けて，相手の目を見る社会的な微笑というのが始まります。母親と赤ん坊が離れていて，赤ん坊が仰向け姿勢で安定していられる。これが人間の特徴です（❹❹）。

チンパンジーはそういうことはできない。オランウータンもゴリラもそういうことはできない。人間の赤ちゃんだけが母親から離れて仰向けで安定していられる。これが人間です。

仰向けがもたらす微笑とまなざしの交換，声のやりとり，自由な手

胸に付いていたら顔と顔が合いませんよね。離れているからこそ，その仰向けの姿勢があるからこそ，顔と顔を合わせ，微笑とまなざしの交換があります。声に出して言う。離れているからこそ，声に出して呼びかける。手は最初から自由です。何度も言いますけれども，四足動物が立ち上がって手が自由になったのではありません。人間は仰向け姿勢だからこそ，背中が体重を支えているので，手は最初から自由です。その自由な手でガラガラをつかみ，口を介して持ち替えるということを人間の赤ちゃんはする。

67

こころ：

まねる

まなぶ

㊻人間とは何か？

㊼チンパンジーの石器使用（ボッソウ）
(Inoue-Nakamura & Matsuzawa, 1997)

㊽石器使用を学ぶチンパンジーの赤ちゃん

　こうやって言語や道具というものが発達していったというように，霊長類学の視点からは，はっきりと読み解けるようになりました（㊺）。

まねる，まなぶ──野生チンパンジーの石器使用学習から

　きずな，心。心といってもその全般は語れないので，今日は「まねる」というところだけ取り上げます。「まねる，まねぶ，まなぶ」というように転化してきたそうです。まねるということが学ぶということの基底にある（㊻）。

　冒頭に申し上げた，アフリカのボッソウの野生チンパンジーの石器使用は文化です（㊼）。そこの群れだけがする。でも，当然赤

❹❾チンパンジー（3歳半）の石器使用学習（ビデオより）

　ちゃんはできませんよね。いつ頃できるか。毎年行って見ていると
わかるのですが，4〜5歳になるとできます。4〜5歳になるとで
きる。ということは，逆に言うと，0歳，1歳，2歳，3歳はできま
せん。
　どうやって学んでいくのか。子どもがお母さんのそばにいて
（❹❽），石器使用を学ぶ様子を3歳半の女の子でお見せします（❹❾）。
うまく割れません（❹❾ a）。うまく割れない（❹❾ b）。どうしてもう

❺⓪チンパンジーの「教えない教育・見習う学習」
（Education by master-apprenticeship）
（Etsuko Nogami）

<table>
<tr><td>

教えない教育・見習う学習

親やおとなは手本を示す　子どもはまねる
おとなは寛容
</td></tr>
</table>

❺①チンパンジーの教育は

まく割れない。さて，どうするでしょう（❹⑨c）。近くのおとなを見に行きます（❹⑨d）。そこまで近づかなくてもよいだろうという距離に行きますね。面白いのは，おとなは決して教えません。何もしない。ひとしきり見て，子どもは自分の場所に帰っていって（❹⑨e），何とか自分で割ろうとする（❹⑨f）。こういう形で，子どもはその群れに固有な文化的伝統である石器使用を身に付けていくということがわかりました。

こうした行動のセットに対して，「教えない教育・見習う学習」と言っています。Education by master-apprenticeship（❺⓪）。決して教えません。まとめると，親やおとなは手本を示すだけです。2番目は，子どもはまねる。放っておいてもまねる。3番目は，そうしてまねてくる子どもに対して，すごく寛容です。「あっちへ行け」

教える

手を添える，ほめる，
うなずく，ほほ笑む，
認める，見守る。

❺では，人間の教育は

ことば

❺人間とは何か？

とはしないのですね。親やおとなは手本を示す。子どもはまねる。おとなは寛容。そのセットに対して「教えない教育・見習う学習」と名づけました（❺）。これがチンパンジーです。

人間の教育──チンパンジーをアウトグループとして見ると

　私たちの研究は，こうやって「チンパンジーはこうですよ」というわけですけれども，それが必然的に「だから，人間はこうですよね」ということに結びつく。チンパンジーをアウトグループとして人間の行動を改めて見てみると，絶対にチンパンジーはしないことを人間はする。教える。確かに教えるということは，人間が人間らしい教育です。

　でも，その一歩手前で，絶対に人間しかしないものとして，手を添える，ほめる，うなずく，ほほ笑む，認める，見守る。全部これは人間しかしません（❺）。ということがよくわかりました。

野生チンパンジーの「ことば」

　最後に「ことば」の問題にいきます（❺）。ことば。

　チンパンジーにも「ことば」がないわけではなくて，チンパンジーはこういうコミュニケーションですね（❺）。「オーホオホオホ

71

❺❹チンパンジーのコミュニケーション：
パントフート

❺❺チンパンジーのコミュニケーション：
パントグラント

オホオホオホオホホー」。急に気が狂ったわけではないですけれど
も。「おーい」という意味です。そうすると遠くから，「オーホオホ
オホオホオホオホホー」と声が返ってきます。「ここにいるよ」と。

　このように，チンパンジーがいまのパントフートという声で，あ
るいは「ハハハハハハハハハハ」と近づくと，別のパントグラント
という声でコミュニケーションをするわけです（❺❺）が，明らかに
人間のようなことばはない。それは自明です。

数字と漢字を用いたチンパンジーの記憶テスト

　では，まったく人間のことばはわからないのかというと，そうで
はないということを，われわれの研究が示してきました（❺❻）。チ
ンパンジーも適切な環境で適切に教えると，ことばを使えるように
なります。人間の文字や数字を学びます（❺❼）。

　これはアラビア数字で（❺❽ビデオ），白い四角形の中にある白い
点の数を，7，5。白い点の数をアラビア数字で答えています（❺❽
a）。1，6，7ですね。いまのは数を答える。基数的な様相ですが，
これは序数的な様相（❺❽ b）。1から9までの数がでたらめに画面
に出てきますけれども，その数字を小さいものから大きいものへと
順番に触ることができます。

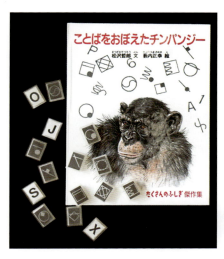

❺❻図形文字を用いたチンパンジーの言語
研究をまとめた絵本
（松沢，1989）

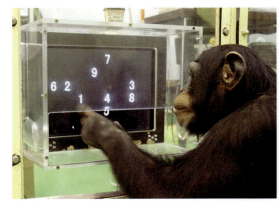

❺❼認知研究

　その知識を使って記憶を調べました。今のとまったく同じ課題で
すよ。白丸を触ると（❺❽ c），1から9が出てきます。1を触る（❺❽
d）。ただ，1を触るとほかがみんな消えてしまいます（❺❽ e）。1，
2，3，4，5，6，7，8，9があったところをやっている。わかりま
すか。1，2，3，4，5，6，7，8，9があったところを触っている。
大丈夫ですよ。どなたもできないですからね。チンパンジーはで

❺❽数字を用いたチンパンジーの記憶テスト（ビデオより）
（c〜e：Kawai, Matsuzawa, 2000. f：Matsuzawa, 2009; 2013）

きるけれども，人間はできないという課題を，われわれが初めて
見つけました。1，2，3，4，5，6，7，8，9。ただ，欧米の学者は
あまりハッピーではないのですね。人間と動物を峻別する文化です
から。

　それで，究極の課題を用意しました。1，2，5，6，7，8，9。3

74

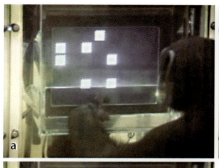

㊹数字を用いたチンパンジーの記憶テスト：外部の音声により中断した例（ビデオより）

と４がない（㊸f）。2，4，5，6，7，8，9。7つの数字で2個飛んでいます。これは4と9がないですね。1，3，4，5……。2と6がないかな。関係がないです。数字の序列を覚えているわけですから，こういうことができる。いまのを一瞬だけ見せます。一瞬数字が出てきたのは皆さんもおわかりになりますから，やってみてください。私も答えられない。2，3，何かですね。わからない。1，2，わからない。3，4，5，わからない。同じ装置で同じ手続きで，うちの学生にやってもらいました。全員京大生なのですが，全員0パーセントです。

　ある日こういうことがありました（㊹ビデオ）。いまの7つの数字の記憶ができません。もう集中しないとできないような限界に近づいています。集中が途切れてしまう（㊹a）。完全に途切れている。外で物音がしている（㊹b）。でも，10秒後に戻るとできる

⑥⓪漢字を用いたチンパンジーの記憶テスト（ビデオより）

のですよ（⑤⑨c）。だから，瞬間記憶が 10 秒は続くということがわかっています。

　そういう研究と並行して，文字の学習もさせている（⑥⓪ビデオ）のですが，これは色を漢字で表す（⑥⓪a，b）。白，緑，茶色，紫。逆もできます。文字を見て，茶色はこの色ですと（⑥⓪c，d）。チンパンジーも毎日勉強すれば，こういうことができるようになる。

想像するちから

　いまのような数字の記憶と漢字の学習というものを並行してやっていくとわかったことは，数字の記憶というのは人間を凌駕するものがありますが，漢字の学習はすごく時間がかかる。難しい。なぜかというと，「赤」という字は全然赤くないわけですよね。赤い色というのは全然その文字を想起させない（⑥①）。

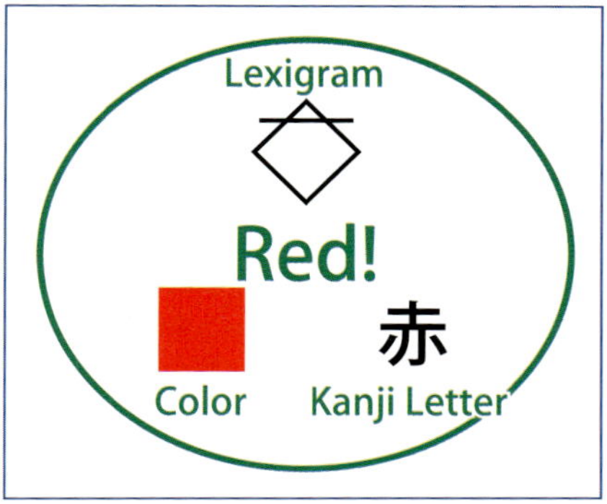

(61)「赤色」を表す文字

(62)人間とは何か？

想像するちからがあって，初めて目の前にあるものと違うものを結び付けることができる。数字は目の前にあるものを覚えていたわけでしょう。そこが人間とチンパンジーの知性の使われ方の違いだと理解するようになりました。結論として，想像するちから（(62)），それが人間とチンパンジーをいちばん大きく，くっきりはっきり分けているものだなと思うようになりました。

ご清聴ありがとうございました。

◉文献

1）Hayashi, M., Matsuzawa, T. (2003). Cognitive development in object manipulation by infant chimpanzees. *Animal Cognition* 6: 225-233. doi: 10.1007/s10071-003-0185-8.

2）Inoue-Nakamura, N., Matsuzawa, T. (1997). Development of stone tool use by wild chimpanzees (*Pan troglodytes*). *Journal of Comparative Psychology* 111: 159-173.

3）Kawai, N., Matsuzawa, T. (2000). Numerical memory span in a chimpanzee. *Nature* 403: 39-40. doi:10.1038/47405.

4）Matsuzawa, T. (1985). Use of numbers by a chimpanzee. *Nature* 315: 57-59. doi:10.1038/315057a0.

5) Matsuzawa, T., ed. (2001). Primate Origins of Human Cognition and Behavior. Springer.

6) Matsuzawa, T. (2009). Symbolic representation of number in chimpanzees. *Current Opinion in Neurobiology* 19: 92-98.doi: 10.1016/j.conb.2009.04.007.

7) Matsuzawa, T. (2013). Evolution of the brain and social behavior in chimpanzees. *Current Opinion in Neurobiology* 23: 443-449.doi: 10.1016/j.conb.2013.01.012.

8) 松沢哲郎 (1989). ことばをおぼえたチンパンジー. たくさんのふしぎ傑作集. 福音館書店.

9) Zhang, P., Watanabe, K. (2007). Extra-large cluster formation of Japanese macaques (*Macaca fuscata*) in Shodoshima Island, Central Japan, and related factors. *American Journal of Primatology* 69: 1119-1130. doi: 10.1002/ajp.20419.

10) Zhang, P., Watanabe, K., Eishi, T. (2007). Habitual hot-spring bathing by a group of Japanese macaques (*Macaca fuscata*) in their natural habitat. *American Journal of Primatology* 69: 1425-1430. doi: 10.1002/ajp.20454.

こころは
孤立しているか？

実験的発達心理学の可能性と限界

下條 信輔

Summary

「二人称的アプローチ」の意味はいろいろに取れる。が，通常の行動心理物理学や認知神経科学の客観的アプローチであっても，以下の要件を満たせば，二人称的アプローチに限りなく近づき，あるいは密接に連携できると思われる。1) コミュニケーションのパートナー（相手）の存在，2) 両者間のダイナミックな交流 / つながり，3) 相手によって特異的な相互作用，そしてとりわけ重要なポイントとして，4) 交流の当事者としての一人称 / 二人称の現象観察。これらの特性はすべて（当事者間の）「ダイナミックで一部統合されたシステム」というモデルを示唆している。だがそれを支持するに十分な行動学的 / 神経学的証拠があると言えるだろうか。このミニレクチャーではそうした行動学的 / 神経学的な証拠を，講演者らの成人被験者による研究知見から選んで示す。具体的には，知覚順応 / 残効のインターパーソナル（個体間）転移，身体および神経活動のインターパーソナルな同期と高機能自閉症（ASD）の特異性などにふれる。

「こころは孤立しているか」というようなタイトルで話をさせていただきます。

「二人称」のパートナーとの間にダイナミックな相互作用が起きる

今日のメインゲストはレディ先生で，「二人称的アプローチ」ということなのですが，私自身は「発達」を今はやっておりません。かつては「発達」の研究者だったのですが。ただ，私の主観的な解釈で，これは違っているかもしれないですが，その「二人称的アプローチ」で何が大事かというと，必ずコミュニケーションのパートナーがいる。そのパートナー（主に赤ちゃんですけれども）との間，その調べている対象との間に非常にダイナミックな相互作用があって，あるいはその相手との間に何かカップリングのようなことが起こっている。

最初のパートナーの話に戻りますけれども，そこで起こるいろいろな赤ちゃんからのアクションであるとか，働きかけとかレスポンスというものが，その相手に対して特定的であるということです（❶）。誰でもよいわけではないということですね。これが大事なのだろうと思います。

＊パートナー
—その重要性，およびそうした（パートナーとしての）観点からの観察。

＊ダイナミックな相互作用と（社会的な）つながり

＊特定性
—パートナーに対する，またパートナーからの（両方向）

これらの基準を満たせば，より伝統的（「客観的」）なアプローチも有効に？

❶二人称的アプローチ（2nd-person approach〈V. Reddy〉）

> 1. 成人対象の認知神経科学で，そのようなアプローチの事例を示す。
>
>   and
>
> 2. 「こころは孤立しているか？」という難問（厭問？）に答える。

❷ Two foci of this talk

　そうすると，これらの基準を満たせば，より伝統的・客観的なアプローチというのは，つまり，実験心理学のこととか神経科学のことなのですけれども，意外とこの「二人称的アプローチ」との相性は悪くなくて，むしろ赤ちゃんの「二人称的アプローチ」から，いろいろなアイディアをもらって応用できるのではないかということを考えます。

　そこで，今日の私の話（❷）は，ひとつとしては成人対象の認知神経科学で，それを私が過去20年から30年やってきたのですけれども，そういう例を示すということと，もうひとつは奇妙な問いですけれども，「こころは孤立しているか」という難問。「厭問」という日本語はないと思いますけれども，非常にいやな問いが，1つの脳，1つの個体だけを相手にして，客観主義的なアプローチでやっていると，こういう難問に直面するのですね。それに対して「二人称的なアプローチ」に近いものを考えると，そこが非常にうまく解けるのではないか。あるいは新しい研究のアイディアが出てくるのではないかという話をします。

オトナはどのくらい，依然として赤ちゃんなのか

　そもそも佐伯先生が私に声をかけてくださったのは，昔こういう本を書いたことがありまして（❸），赤ちゃんとお母さんの相互作用をいろいろな観点から見て，それで応答するものとしての赤ちゃん，および養育者との相互作用ということを強調したものですから，「私は最近赤ちゃんの研究をしていないので，適任者ではありません」と言ってお断りしたのですけれども，佐伯先生から「でも，君があ

エントレインメント
 →ものまねごっこ
 →心的語彙の獲得
 　（他者が自己に先行）
 →共同注意，社会的参照
 →心の理論 (?)

＊「応答する者」としての赤ちゃん
＊養育者との相互作用

❸ 「まなざしの誕生～赤ちゃん学革命」　　　　　　　　　　（下條信輔，1988/2006）

の本に書いたことは，完全に二人称的アプローチそのものなのだけれどもな」と言われて，「そうかもしれない」と考えまして，後でよく考えたら，自分が赤ちゃんを研究しているときに得た発想やアイディアをオトナに適用しているだけなのではないかと。

その後の自分の研究のキャリアを，赤ちゃんがどれくらいオトナと同じことができるかという問いではなしに，むしろオトナがどれくらい依然として赤ちゃんかということをめぐって展開してきたような気がしましたので，それを含めていろいろな事例を挙げます。

二人称的な場面では身体性と社会性が重なっている

その後やってきたことを簡単にまとめると――心の意識的な部分と潜在的な部分，そして潜在的な部分は身体の生理過程に深く

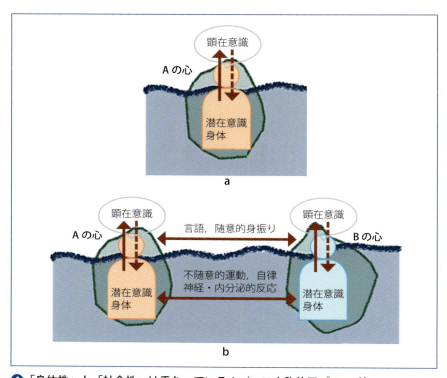

❹「身体性」と「社会性」は重なっている！（→二人称的アプローチ）

（Kashimo, et al, 2014 をもとに作成）

根差している（**❹**）わけですけれども，その相互作用を，ERATO
（Exploratory Research for Advanced Technology：科学技術振
興機構による戦略的創造研究推進事業）の「下條潜在脳機能プロ
ジェクト」（2004 ～ 2009 年）というので研究をしたのです。

　ここに１人の人間 A がいるとする（**❹**a）と，もう１人パート
ナー B が右に入ってくる（**❹**b）。これは海面の下に心の潜在的な
部分があって，氷山の一角と言いますけれども，海面の上に心の意
識的な部分があるという図なのです。よく見ると，自分と他者とい
うのは，言語や随意的な身振りの意識レベルのシンボリックなコ
ミュニケーションでやり取りしている。しかしそれだけではなし

> *つながっている一面が，軽視されてきた （Reddy, 2008, 2015）
>
> * 行動事例
>   サルの扁桃核切除，赤ちゃんは他人の欲求を認識するか，母子のエントレインメント
>
> * 実験心理学，神経科学は，わざわざ現象を弱めてデータを採っていた？（eg. "Don't Look"; Transfer of adaptation）
>
> * 神経科学的な証拠？
>   行動と神経活動の対人間同期 （Interpersonal EEG）

❺ 今日のあらすじ──心は孤立しているか？

に，もっと身体的な部分でもって，無意識のうちに身体と身体が関係している，影響しあっているということが起きているのではないかと。そういうモデルでもって，潜在認知の研究をずっとやってきたわけです。

　そして，その大事なポイントとしては，この下のほうですね。海面よりも下の部分を見てみると，身体性と社会性が重なっているということがとても大事で，このことがまた二人称的アプローチとの相性が良いと思っております。

　「こころは孤立しているか」ということについて，その繋がっている一面が，特に客観主義的な実験心理学や神経科学では軽視されてきたのではないかと（❺）。

　レディさんが最後に「リスク・テイキング」ということを言われましたけれども，実験心理学者，神経科学者がリスクをテイクしなくてはいけないのではないか。その私の目に留まったいろいろな事例を挙げます。それから，その意味で，実験心理学，神経科学は，わざわざ社会心理現象のいちばん弱いところに条件を設定してデータを採ってきたのではないかと思わせる事例がありますので，それを紹介します。時間がないのですけれども，最後まで必ずいきたいのは，脳と脳の神経活動を取ると同期するという話まで，何とかた

＊扁桃核 (amygdala)：
　情動の中枢 (?) ― R. Adophs ら

＊クリューバー・ビューシー症候群
　(Klüver-Bucy syndrome)

＊（ただし）両側切除しても顕著な
　障害は見つけにくい（ヒト，サル）。

＊サルの扁桃核切除（J. Allman, personal com.）
　実験室課題では，障害が見つからなかった。
　→檻（おり）に戻したら，他のサルが突然パニック状態に！

（Wikipedia より）

❻サルの「扁桃核」を切除すると（例1）

どり着きたいと思っております。

サルの扁桃核切除で起きること

　いちばん最初に挙げたいのは，これは面白い例なのですけれど
も，私のカルテック（カリフォルニア工科大学）の同僚で，ジョ
ン・アルマン（John M. Allman）という有名なサルの電気生理学
者がいまして，彼から聞いた話なのですが，扁桃核（amygdala）
という部位は皆さんもよく名前を聞くと思います。側頭にある情動
の中枢といわれている場所ですね。この両側に損傷があると，人間
ではクリューバー・ビューシー症候群（Klüver-Bucy syndrome）
というのを発症します（❻）。

　これは性行動に異常が出るとか，ものを何でも口に持っていくと
か，とにかく対人関係，その他ソーシャルな行動におかしいことが
いろいろと出てくるのです。けれども，サルでもヒトでもそうなの
ですが，必ずしも両側を切除したからといって，何か顕著な障害が
出るわけでもないらしいですね。ところが，アルマンが言っていた
のは，あるときサルの扁桃核を切除して，実験室課題，いわゆる認
知課題をやるわけですね。認知症のような障害も出てくることがあ

るのでやるのだけれども，どうもあまりはっきり出てこないと。個人差の中に埋もれてしまう。しかし，なんとそのサルを元の，周りに扁桃核を切除していない健常なサルの群れがいるところに戻したところ，ほかの健常なサルが突然大パニックになったというのです。非常に奇妙な話で，あるサルの扁桃核を切除したら，周りの健常ザルに行動異常が顕著に出たと。

　もちろん，なぜ他のサルに行動異常が顕著に出たかというと，扁桃核処置をされたサルがボスを無視したり，適切でない場所で適切でない相手に性行動をしかけたり，微妙に普通ではないことをしているからパニックになったのだけれども，どちらがより目立つかというと，周りのサルの行動のほうの異常が顕著だったという話で，これは非常に面白い話だと思ったわけです。

情動脳は他者の行動と直接リンクしている（？）

　これをどう解釈するかというと，これは私が自分で勝手に作ったマンガ（❼）ですけれども，誰の脳が誰に影響を与えたのか，という話になってくるわけですね。つまり，症候といわれているものが相手に依存していると。情動脳は他者の行動と直接リンクしているのではないかと。心というのは本当は孤立していないのではないかと。この例から言うとね。つまり，一部の哲学者が主張するような，「不可視で推論するべき間接的なもの」ではないのではないかと。

　もともとサルのような社会性の強い動物を，1個体だけ実験室に閉じ込めて，スクリーンの前で認知機能を調べているだけでは，この扁桃核切除の効果というのはきれいに出てこなかったということなので，パラダイムそのものに問題があるのではないかということを，ひとつヒントとして申し上げます。

　ここで面白いのは，私が大喜びしてアルマン先生に「引用したいから文献を教えてくれるか」と言ったら，「公刊できなかった」と言っていました。なぜ公刊できなかったかというと，ネガティブ

* 「症候」の文脈（相手）依存性
* 「情動脳」は，「他者の行動」と直接リンクしている（?）
* 心（と行動）は，孤立していない。
  「不可視で，推論するべきもの」でもない。
* （サルのような社会性動物を）1 個体だけ実験室に閉じ込め，課題で認知機能を調べる（障害を同定する）。
  そういうパラダイムそのものに，問題が？

Whose brain is it?

(http://www7b.biglobe.ne.jp/~yyyy/saru.html)

❼サルの扁桃核切除：どう解釈するか？

データだからです。その個体のサルにはあまりきれいな損傷（行動異常）が出なかったのですね，孤立した実験室状況では。けれども，周りに出ていたのですよ。それだけで並みの切除研究の論文より数十倍面白いので，「どうして公刊できないのか」と私は言ったのですけれども。そのことも含めて問題提起になっていると思ったわけです。

誰の「心」が誰にとって「存在」するのか

　もう一例は，私自身のいとこを私が横で観察していたという逸話にすぎない（❽）のですけれども，親戚一同 5 ～ 6 人でイチゴを食べていたのですね。そうしたら，私のいとこで当時 10 か月か 11 か月だったのですけれども，この子が自分で盛んに両手でイチゴを取って口に入れていたのですが，隣のおじいちゃんが食べているのをじっと見ていて，突然おじいちゃんの口に向かって，「うー」と言いながらイチゴを押しつけたのですね（❽a）。みんな大喜びしまして，「この子は随分頭がいい」と。「どうもおじいちゃんが，こんなにおいしいイチゴだから食べたいんだなと思って，口に押しつけてくれたらしい。なんて優しい子なんだ」と言って，みんな親戚

❽赤ちゃん（1歳未満）は，人の欲求を認識できるか？（例2）
（下條信輔，1988/2006 より）

一同大喜びしたのです（❽ b）。

　私もそう思ったのですけれども，「待てよ」と思ったのですね。誰が誰の「心の理論」を持ったのか，よくわからないぞと。その赤ちゃんがおじいちゃんの心について理論を持ったというのが普通ですよね。「おじいちゃんも，このおいしいイチゴを食べたいんだ」と赤ちゃんが思ったというのは，赤ちゃんがおじいちゃんについての「心の理論」を持った。けれども，むしろおじいちゃんが赤ちゃんの心について思ったとも言えるわけですよ（❽ c）。

❽つづき

（下條信輔，1988/2006 より）

　つまり，誰が誰について「心の理論」を持ったかと。つまり，「心の理論」というのは相手が何かを知っている，見ている，考えているなどという仮説とか信念ですけれども，「誰の心が誰にとって存在するのかということを突きつめると，何か奇妙なことが起こるぞ」と思ったのです（**❽ d**）。

> **例1（サルの扁桃核切除）；例2（赤ちゃんは他人の欲求を認識できる？）→**
>
> 心の独立性（私秘性）を前提にすると…
> →他人の心は間接的に推論するしかない（eg.「心の理論」）。
> →「心の理論」のキャッチボール，反響（エコー）
>
> 違う前提からスタートしたほうが良いのでは？
> 相互依存性（ダイナミック・カップリング），交互のやりとり，創発，文脈（相手）
> 依存性

❾「心の理論」を前提にしてしまっていいのか

「心の理論」とは違う前提からスタートする

　先ほどの扁桃核切除の例と，いまの赤ちゃんのイチゴのお話を含めて言うと，心の独立性ということを前提にしてしまうと，他人の心は間接的に推論するしかない。つまり，「心の理論」を持つしかないということになります（❾）。

　ところが，それをやるととても変なことが起こる。いま言ったように，「心の理論」のキャッチボール，あるいはエコーすると，鏡を2枚向かい合わせに並べたというのが私のイメージですけれども，行ったり来たりしだしてしまうわけですね。私もずっとそれで捉えていたのですけれども，何かおかしいのではないかと。

　「心の理論」ということをあらかじめ設定すること自体が，ちょっとおかしいのではないか。むしろ違う前提からスタートしたほうがよいのではないか。違う前提というのはいろいろありますけれども，ダイナミックな相互依存性であるとか，交互のやりとりとか，創発とか文脈依存性ということから始めて，「心の理論」というのはむしろ後で出てくる，あるいは研究者が後付けで想定するというほうが筋がよいのではないかと思いだしたわけです。

新生児の身体運動はオトナの語りかけに同期している

　よく考えてみると，私自身のバックグラウンドの一部である発達

新生児の身体運動は，オトナの語りかけに同期している。発達は孤立した状態で始まるのではなく，初めから「相互作用で構成される」。(Condon, Sander, 1974)

* **相互性**：母親が赤ちゃんの注意を引き影響を与え行動を変化させるだけでなく，**赤ちゃんの側も母親に影響を与える。**（Tronick et al, 1977）

*自己と対象の表象の起源も

　そうした相互性が，自己と対象の表象を形成する起源となる。(Beebe, Lachmann, 1988)

*一方向だけの状態遷移（確率）に基づくモデル（シャノン）には，限界がある。(Fogel, 1993)

❿母子間のエントレインメント（例3）

　　研究には，それはむしろ常識として入っているわけで，たとえば母子の間のエントレインメント（❿）というのがよく知られていますけれども，新生児の身体運動はオトナの語りかけに同期しています。

　　たとえば，母国語の学習にしても，普通は喃語が始まって母国語の学習が始まると思われていますけれども，新生児でも，お母さんの母国語での話しかけに対して身体動作でもって反応していると。つまり，母国語のリズムを新生児の生後1日目から，もうそのリズムとして吸収しているという説すらあるわけで，そういうことを考えると，もともと発達の文脈の中には，二人称的な発想というのは非常に強くあったのだろうと思います。

　　その意味で言うと，先ほどから言っているように，実験心理や神経科学は，わざわざ自分が調べたい現象をなるべく弱いところに持っていって，なるべく検出しにくいところに持っていって研究していたのではないかと疑わせるケースが，私自身が研究していても発生しましたので，それをさらにひとつ挙げたいと思います。

> **実験心理学，神経科学は，わざわざ現象が弱い所でデータを採っていた？**
>
> ＊自閉傾向の高い人（ASDs；high AQ）は，社会的な刺激（顔，目）を避ける。
>
> ＊この傾向は日常生活では明白だが，研究室では弱い結果。
>
> ＊何故か？ ——知識，治療，トップダウンの認知的制御。
>
> ＊一方健常者（NTs）は，（見るなと言われても）顔や目を見てしまう。（Laidlaw et al, 2012）
>
> → 「見るな」という教示（課題）を与えることで，自閉症者の自発的な傾向を抽出できるのでは？

❶❶自閉症者に「見るな」という教示を与えると—— "Don't Look" Paradigm（例4）

"Don't Look" Paradigm ——「見るな」という教示を自閉症者に与えると

　ちょっと高機能自閉症の研究をやっていまして，よく言われるのは，自閉傾向の高い人は，社会的な刺激，たとえば顔とか目とかを避けるということが言われています（❶❶）。

　この傾向は日常生活では明白なのですけれども，研究室では弱い結果しか出なくて，どうも写真を使って「この顔を見なさい」と言って，どこを見るか調べてみると，ASD（autism spectrum disorder；自閉症スペクトラム障害）特に高機能自閉症の人たちは，けっこう目を見るのですよね。なぜかというと，そういうセラピーを受けているから。だから，そういう知識があるのですね。健常者はこうするものだという知識があるから，統計学的に言うと，有意水準すれすれのような差しか出てこない。そんなはずない。日常的には全然違うではないか，と。

　面白いのは，これはある人の研究から気がついたのですけれども，健常者のことをニューロティピカル（neurotypical: NT；定型発達）と言いますが，彼らは「見るな」と言われても，ついつい顔や目を見てしまうという研究があります。「見るな」と言って写

真を出すのですけれども，健常者はチラッチラッと見てしまうのです。

　ところが，オーティスティック（自閉症的）な人は，診断されている人も，健常で自閉症傾向が高い人も，このチラ見傾向がないということにヒントを得まして，むしろ「見るな」という教示を与えることで，自閉症者の自発的な傾向を抽出できるのではないかと。

"Don't Look the Mouth" テストで明確に分かれる自閉症者と健常者

　そこでやったのは，こういう写真をやはり見せているのですけれども（**⓬**），この場合は，「口を見るな」と教示しました。

　「これから30秒この写真を見せます。口だけは見ないでください。ほかはどこを見ていてもいいですよ」という教示をしますと，自閉症傾向が低い人，つまり健常な人は目を見ます。

　いいですよね。「口を見るな」と言われて，「目を見ていました」と。ノープロブレムですね。課題はちゃんとやっている。ところが，自閉傾向の高い人は……このときはまだ健常者しかやっていなくて，その後，高機能自閉症と診断された群もやっていますが，「口を見るな」と言われると，口も見ず，目も見ず，この額の真ん中とかを見ていますよ。あとは額の端っことか，顔の外側とか，英語で言うと "in the middle of nowhere" と，何もないところを，じーっと30秒間見ています。人によりますが。

　つまり，どういうことかというと，低い AQ（autism-spectrum quotient；自閉症スペクトラム指数）の……自閉症傾向が低い健常な人は，どうしても「目を見るな」と言われても目を見てしまう。「口を見るな」と言われると，当たり前だけれども目を見ていると。ところが，自閉症傾向の高い人は，「口を見るな」と言われると，口も見ず目も見ないということが起こって，非常にきれいに分かれてきます（**⓬**の赤と緑）。

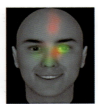

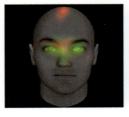

自閉症傾向高（赤マーク）（27～40）：N＝11
自閉症傾向低（緑マーク）（10～21）：N＝13

Low AQ could not avoid gaze at eyes.
High AQ had no problem avoiding it.

⓬ 自閉症者と健常者で分かれる "Don't Look the Mouth" テスト

（Shimojo, et al, 2012）

心は最初から身体を介して他者とつながっている

　そのときには「なるほど」と思って納得したのですが，その後，ムービーを使ったのです（⓭）。ムービーのほうがリアルだろうと思って。そうしたら，「顔の静止イメージ」，「顔対花」，「顔の表情ムービー」と統計学的有意水準がだんだん上がっていくわけですよ。さらに，「生の会話」でデータを取ったのですね。実験者やあるいは別の参加者と生で会話しているときの目の動きを測るのは，なかなか大変なのですが，それをやったら 10^{-12} ぐらいのレベルで有意差が出たのです。

自閉症群（ASD）vs. 健常群（NT）

More real & live

顔の静止イメージ　　　　$P < .01 \sim .025$ (Shimojo et al, 2012)

顔 vs. 花（first gaze）　$P < .001 \sim .04$ (Shimojo et al, 2013)

顔の表情ムービー　　　　$P < .002 \sim .05$ (Wang et al, 2014)

他人との生会話　　　　　$P < 10^{-12}$ (Wang et al, 2015)

関心領域（ROI）への注視時間→「生の会話」で最大の差

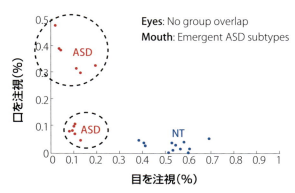

Eyes: No group overlap
Mouth: Emergent ASD subtypes

"Indifference" hypothesis
vs.
"Threatening world" hypothesis

⓭ "Don't Look Paradigm" ——リアルに近づけると差が明らかに

> **"Don't Look" の事例**
>   →実験心理学，神経科学は，わざわざ現象が弱い所でデータを採っていた？
>
> <u>心は最初から，身体を介して他者とつながっている</u>（?）
>
> 社会的コミュニケーションの機能とは？
>
> 高次の複雑な認知過程か，それとも低次の生物学的な過程か？
> （もちろん両方なのだが）
>
> エントレインメント（前出）→身体のやりとりが重要？
> 　　　　　　　　　　　　　　脳活動のやりとりも？
>
> 人同士はこころの潜在的な部分でつながっている（行動的証拠，神経学的証拠）。
> →次に

⓮心は最初から，身体を介して他者とつながっている（?）

　図左下のグラフでいうと，赤点が自閉症（ASD）群，青点が健常（NT）群で，目を注視する割合，口を注視する割合で分けると，全然重ならなくて，バラバラにはっきり分かれてくるぐらい極端な差が出てきた。これでようやく日常生活での自閉症に対する診断や私たちの印象が，実験データに，もう置き換えられていたわけですね。

　ここで言いたかったことは，わざわざ客観的コントロールであるとか言って，いちばん調べたい現象を弱く弱く弱くしておいて，すごい苦労をして統計学的に5%有意だとか言っていたのではないかなということに，ご覧のとおり，数年かかって気がついたわけです。

　つまり，心は最初から身体を介して他人と繋がっていると考えると，いまのことは自明なわけで，つまり，ライブのほうがビデオよりよいし，ビデオのほうが静止画よりよいだろう。よいというのは群間の差がきれいに出るだろうということですね（⓮）。

　もうひとつ，社会的コミュニケーションの機能は何なのかということを考える必要があって，心理学の教科書をみると，社会的コ

⓯人は他者の行為にミラー順応するか（例 5） （Watanabe et al, 2011）

ミュニケーションというのは，たいてい最後のほうの章に，産業心理学の 1 章手前ぐらいに出てくるわけですけれども，それは何かの間違いではないかということを思うわけですね。もうちょっと低次の生物学的な過程なのかもしれない。つまり，他者というものが，私たちにとってプライマリーな非常に根本的な意味を持つ要素であるのか，それとも，何か後になって高次の学習などによって付け加わるものなのかというところで，根本的な違いがあると。

ミラー順応は低次な身体レヴェルでも起こる

その話を少ししたいのですが，そこへ行く前に，もうひとつ例を挙げます（⓯）。ミラーニューロンの話なのですけれども……「ボタンを押すとベルが鳴るという状況」を考えてください。ボタンを押すとベルが鳴るのだけれども，ちょっと遅れるとします。たとえば 1 秒の半分とか，そういう状況を考えてください。これは 10 回とか 20 回を繰り返していますと，だんだん慣れてきます。慣れてくるとどうなるかというと，だんだん遅れが感じられなくなります。そこで突然遅れを無しにして，10 ミリセカンドぐらいの遅れにしてポンとやってやると，みんなびっくり仰天します。「押す前に音が鳴ったよ」と言いだしますね。

これは何かというと，順応にアダプテーションが起きている。順応が起きていて，押したものに対して同時的に反応が返ってくるという，運動系と感覚系の間のループに順応が起きているから，それ

よりもポンと速くしてやると，マイナス方向に飛んだようにみえてしまう。つまり，ゼロ点が変わったわけですね。これが「知覚的順応」と言われているものですが，私たちが問うたのは，みんな「ミラーニューロン，ミラーニューロン」と言うけれども，何となく高次の機能という感じがするので，どれぐらい低次の単純な身体的なところまで，ミラー的な現象が起こるだろうかということを考えました。自分の行為に対する感覚フィードバックの遅れに対しては，いま言ったように順応することはわかっているのですが，他者のを見ているだけで順応するかという問いを立てたわけです。

「ミラーニューロン」を出発点にすることは正しいか

それで，ボタンを押すと何か音がするという状態を自分で体験する場合と，他人がそれをやっているのをただ見ているだけという順応条件を作りまして（⓰），テストのときには，今度は自分がやる。また，他人がやっているのを見ている。あるいは制御テスト……これは何かというと，人を関与させないで，ものだけ，スクリーンだけで出てきた場合。それで，視聴覚間のタイミングを判断させる。つまり順応効果が出てくるかどうかを調べたところ，制御を除いて，全部同じように効果が出てきました。

つまり，自分であろうが他人であろうが同じような順応効果が出たし，かつ，それは他のものに対する順応効果ではなくて，他者ないしは自分，とにかく人間に対する順応であったと。もうひとつ大事なポイントを言っておきますが，自分で順応して他人でテストをした場合，他人で順応して自分でテストをした場合，それから，もともとの自分から自分でテストをした場合の順応量を比較すると，ほとんど変わらないのです。普通，ミラーニューロンの話でいうと，他人のときには弱まった効果が出てこないと具合が悪いのですね。弱まらないのですよ，いくら頑張っても。

ですから，どうもミラーニューロンという話も初めは真に受けていたのですけれども，何となく逆立ちしているのではないかと。先

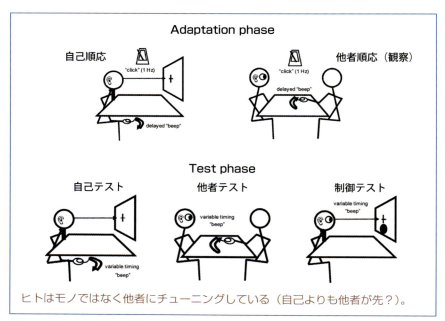

ヒトはモノではなく他者にチューニングしている（自己よりも他者が先？）。

⓰ミラー順応テストの手順

ほどの話もそうなのですが，間違ってはいないのだけれども，そこが出発点で考えると，ちょっと逆なのではないかということを思いはじめたわけです。

無意識的な身体の同調が社会的コミュニケーションの前提にある？

さて，身体を介して 2 つの脳が相互作用するというところを同時計測で捉えた話をしたいのですが……。

無意識的な身体の同調ということはオトナでも知られていまして，先ほどの赤ちゃんと母子のエントレインメントだけではなくて，オトナ同士でも会話がスムースにいっているときには，無意識の身体動作や呼吸がある形で同期している。あるいはキャッチボールのようにやり取りしているということが知られています。そのこ

身体と環境を介して，ふたつの脳が相互作用する→同時計測で捉える

→社会的コミュニケーションの進化的・発達的な起源？

ホタルの点滅，カエルの鳴き声，ヒトの歩行，母子のエントレインメント，etc.

⓱無意識的な身体の同調──「こっくりさん」実験（例6）
(K. Watanabe and his group at Univ. Tokyo SENTANKEN)

とが，そういう身体の同調ということが，もしかしたら，言語を含むシンボリックな社会的コミュニケーションの基本に前提条件としてあるのではないかということを考えたわけです（⓱）。

　なぜ，そういうことを考えたかというと，たとえば，ホタルの点滅というのを見ていますと，群れの中でホタルはまったくランダムに点滅をしていますが，しばらく見ていると，だんだんだんだん同調してきます。私の東京の留守宅の近くに椿山荘という所があって，毎夏ホタル観察会というのをやっているのですが，見ていると，だんだん同期していくのですね。さらに，しばらく見ていますと，だんだんばらけてきます。また1〜2分見ていると，また同期してきます。つまり，緩いカップリングが起きていると。カオス理論で言う，弱い引き込みが起きているということなのですけれども，なぜだろうと。

　カエルですけれども，裏の田んぼにカエルがたくさんいて夜に喧しく鳴いているとします。そのカエルの鳴き声を聞いていますと，やはりホタルの場合と同じように，だんだんだんだん同期してきま

す。「あっ，完全に同期するかな」と思うと，またばらけて，また同期してくる。質的にはまったく同じパターンです。

　ちなみにヒトの歩行でも昔から研究されていますし，最近私のNTTの共同研究者たちもやっていますけれども，会話しながら歩いていると，歩調がだんだん同期してくるということが知られていますね。しかも，それがいろいろなソーシャルな要因，相手のことを好きかどうかとか，相手のことをよく知っているかどうかとか，いろいろなことに影響される。しかし，もともと歩行ですから振子運動なのだけれども，足の長さの違いなどという物理的な要因よりは，そういうソーシャルな要因が効いていると。しかも，同期することが無意識なのですね。そういうことが知られているわけです。

身体の意図に反する無意識的な同期を調べる

　そこでどうなのだろうと思いまして，「コックリさん」実験とニックネームで呼んでいるのですけれども，指と指を突き合わせて，触っていないのですけれども，「お互いに相手の指は見えても無視して，できるだけ静止してください」という大変退屈な課題〔指（非）追従課題〕をやります（⑱）。なぜ，そういう課題をやったかというと，ひとつは，身体の意図に反する無自覚的な同期を調べたいということと，もうひとつは，この時点ですでに脳波（EEG）を取りたいという下心があって。これは私の教え子である早稲田大学の渡邊克巳さんのグループと一緒にやりました。

　筋肉運動が起きてしまうと，脳波にすごいノイズが入るのです。なるべく動かないで，かつ2人の間の相互関係を測れる状況を作ると，非常にきれいな脳波が取れると。そういうことをやりますと，その指を指して止めておくという単純な行動ですね，なるべく相手の指は無視しますね。そういう状況でも，なおかつ相手の身体の動きが自分の体の動き，あるいは姿勢に影響を及ぼすかということを調べますと，これは実は指先のプロットなのです（⑲ビデオ）。左右と上下方向で，2人の指先が青と赤で表示されていますが，見

基本計測─指の同期

「指を指して止めておく」という行動（?）
において，目の前の他者の影響は認め
られるか？

⑱指（非）追従課題　　　　　　　　　　　　　　　（渡邊克巳ら /Watanabe et al）

ていてわかると思うのですけれども，何となくつられて動いている
（**⑲ a 〜 c**）。しかも，どちらがどちらをリードしているというよ
りは，両方ともお互いに影響しあって動いているというのは何とな
くわかると思います。あのように離れている場合もあるのですけれ
ども（**⑲ d**），動き自体をみていくと。これは何となく主観的には
影響されあっているけれども，ではどうやって計量化するのか。ど
うやって客観的に調べるのかということになります。

社会的相互作用訓練をすると身体・脳波の同期は変わるか

　今お見せした指合わせ静止課題をやりまして，そのときの脳波を
同時に2人から取ります。その後で，アダプテーションないしは訓
練と呼んでいるのですけれども，1人の指を相手の指で追いかける

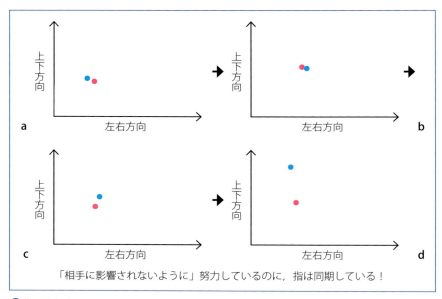

「相手に影響されないように」努力しているのに，指は同期している！

❶❾指（非）追従課題の finger position monitoring（ビデオより作成）

（渡邊克巳ら /Watanabe et al）

という協調的な課題をしたり，あるいは無視して，なるべく追いか
けないようにするという非協調課題とか，一緒にボールを運ぶ課題
とか，一緒に歌をうたう課題とか，いろいろやりまして，また元に
戻って指合わせの静止課題と脳波計測をやるわけです（❷⓪）。

　何を期待しているかというと，この訓練（順応）中にどういう
ソーシャルなインタラクション（社会的相互作用）があったかに
よって，身体および脳波の同期が変わるかどうかということに興味
があったわけです。

　このグラフは行動データ（❷❶左図）で，たとえば1人の被験者
の指の動きが「Subject 1」で，もう1人の被験者の指の動きが
「Subject 2」のグラフのようにいろいろありうるわけです。でも，
時間軸上でずらしていくと，非常に重なり合うということが起こり
うるわけですね。だから，いろいろと時間軸上にずらしていって，

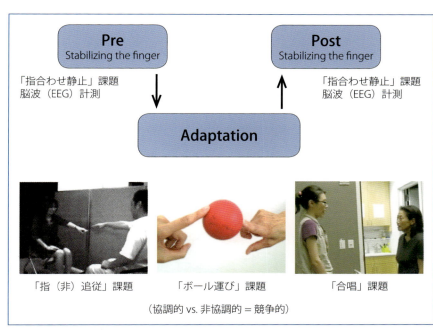

「指合わせ静止」課題
脳波（EEG）計測

Pre
Stabilizing the finger

Post
Stabilizing the finger

「指合わせ静止」課題
脳波（EEG）計測

Adaptation

「指（非）追従」課題　　「ボール運び」課題　　「合唱」課題

（協調的 vs. 非協調的＝競争的）

❷⓪協調訓練による身体・脳波の同期実験の手続き

closs correlation とか auto correlation というのですけれども，そういう方法でプロットし直してやると，互いの時間遅れがゼロのときに，指の動きがいちばんきれいに相関している。つまり，一緒に動いていると（❷①右図）。この場合は，どちらかがリーダーで，どちらかがフォロワーだというのではなしに，お互いに影響しあって，つまり，ダンスと同じですね。優れたダンサーは，どちらかがリードするというよりは，お互いに影響しあって同期していくわけではないですか。そういうことが起きていると。

❷①の右のグラフは実際のデータです。協調的な訓練をする前が青い線（プレトレーニングテスト）で，協調訓練後では赤い線（ポストトレーニングテスト）のようになりました。健常者のデータですが，時間遅れゼロのところで一番強く同期している。もちろん

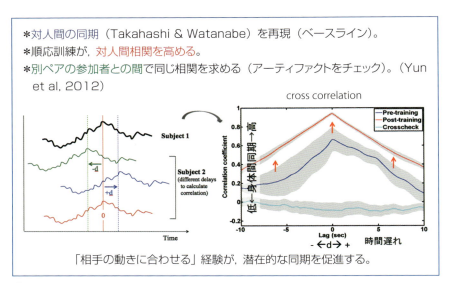

*対人間の同期（Takahashi & Watanabe）を再現（ベースライン）。
*順応訓練が，対人間相関を高める。
*別ペアの参加者との間で同じ相関を求める（アーティファクトをチェック）。（Yun et al, 2012）

cross correlation

「相手の動きに合わせる」経験が，潜在的な同期を促進する。

❷❶協調訓練による同期実験の行動データ

　訓練前のときも訓練後のときも，「なるべく余計なことを考えないで，なるべく相手の指を無視して動かないようにしてね」と言っているのですよ。それでこの結果です。だから，知らないうちに，知らず知らずのうちに，自分の身体が相手の身体の影響を受けて合わせて動いているということですね。

脳と脳の間で繋がる──「波長が合う」ということ

　それで，先ほども言いましたように，そのときに同時に両方の頭に電極ネットをかぶせまして（❷❷），脳波の計測をすると，これも，もう公刊論文なので要点だけしか言いませんけれども，これは2人の脳で，上から見た図です（❷❸）。

　図中の脳内・脳間で結ばれた線は何かというと，ある部位（脳波の信号源）と別の信号源の同期を示しています。たとえばFollower上段（シータ波）の右下斜めの太い線ですけれども，この場合は，Follower 1人の脳の中で非常に強く同期していた2つ

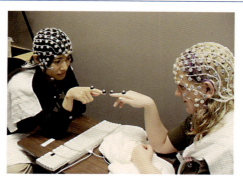

Brain activity; EGI（electrical geodesics inc.）128 channels×2

❷❷身体運動の「潜在的な」同期とインターパーソナル EEG（例7）

の脳内部位を示すのがこの線です。

　ところが，上段（シータ波）で Leader（左側の脳）の AC（前帯状皮質），PoCG（中心後回）と Follower（右側の脳）の IFG（下前頭回）を結ぶ線を見ていただきたいのですけれども，協調訓練をしたあとで測って，訓練をする前の脳波を引き算して比較してやると，こういうところに同期が出てくるというのがこのデータです。下段（ベータ波）にも出ていますね。波長でいうと，4〜7Hz，12〜30Hz ぐらいのところで，このように出てくるのですけれども，どの部位とどの部位とで結合と同期が起きているかというのは非常に興味があるわけで，細かい神経学的な話は時間もないし飛ばしますけれども，「心の理論」ネットワークの結合というように考えられる場所であるとか，共感とか情動にかかわる場所であるとか，社会的文脈の形成にかかわるとか，そういうところが脳と脳の間で繋がってきているのです。

　だから，非常に雑な言い方ですけれども，よく「あの人とは波長が合う」というようなことをいうわけですけれども，それは比喩として使っていたのだけれども，あながち比喩でもなかったというこ

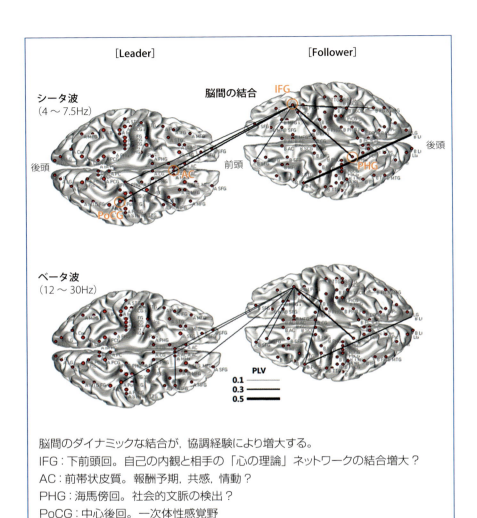

[Leader]   [Follower]

シータ波
（4〜7.5Hz）

脳間の結合

IFG

後頭   後頭

前頭

AC

PHG

PoCG

ベータ波
（12〜30Hz）

PLV
0.1
0.3
0.5

脳間のダイナミックな結合が，協調経験により増大する。

IFG：下前頭回。自己の内観と相手の「心の理論」ネットワークの結合増大？

AC：前帯状皮質。報酬予期，共感，情動？

PHG：海馬傍回。社会的文脈の検出？

PoCG：中心後回。一次体性感覚野

LeaderとFollowerは，非相称性。   （Yun et al, 2012）

㉓インターパーソナル EEG による協調経験での脳間の結合；PLV（phase locking value；位相同期度）

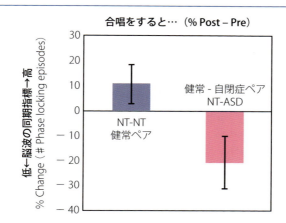

合唱をすると… （% Post − Pre）

健常ペアでは神経活動の同期が高まるが，健常 - 自閉症ペアではむしろ下がる。
＊この行動パラダイムは，**自然の社会的交流**にも一般化できる。
＊指の追跡よりも，歌を共に歌う方がよりはっきりした（同期を高める）効果あり？

㉔健常ペアと健常 – 自閉症ペアでの合唱後の脳波の同期

(Wang et al, unpublished)

とです。

　つまり脳間のダイナミックな結合が協調経験により増加する。ところが協調的でない非協調的なトレーニングでは，減りませんが増大もしません。それが知見です。

高機能自閉症者と健常者のペアで同期するか

　自閉症でどうかということに当然興味が湧きますので，成人の高機能自閉症と診断されている人と健常者をペアにしてやると，健常同士のペアの場合には，今度は合唱で訓練したデータ（㉔）をお見せしますけれども，一緒に合唱すると，脳波の同期がやはり上がるのですね（左側，青のバー）。ところが，片方が健常だけれども，もう片方が自閉症であると，有意に下がるのです（右側，赤のバー）。そういう知見も出ています。ただし，自閉症というのは非

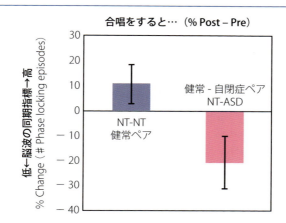（縦書き）こころは孤立しているか？――実験的発達心理学の可能性と限界

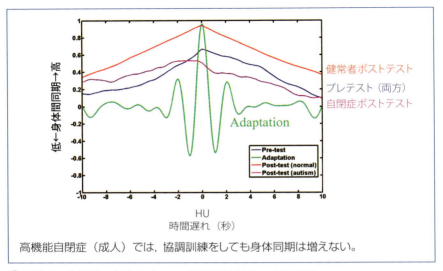

健常者ポストテスト
プレテスト（両方）
自閉症ポストテスト

高機能自閉症（成人）では，協調訓練をしても身体同期は増えない。

㉕健常ペアと健常 - 自閉症ペアでの協調訓練前後の身体同期

常に非均質のグループだということがわかっていて，個体によって
やることが違うので一概に言えないのですけれども，こういうこと
が個体によっては起こると。

　それから高機能自閉症では，そもそも協調訓練をしても身体同期
は増えないというのがこのデータ（㉕）で，これは健常者同士の場
合には，先ほどお見せした㉑のように，青い線がプレテストだとす
ると，赤い線で示したようにポストテストで同期が上がっているわ
けですね。これは身体の同期です。ところが，片方が自閉症で片方
が健常の場合が，この赤紫の線なのですけれども，事前にやったも
のと事後のものが変わっていない。ちょっとノイジーになっている
だけで，同期が上がっていないということがわかります。

二人称的アイディアから神経科学を捉える

　そういうことで，もう終わりにしますけれども，潜在認知過程
の特徴として，脳と身体と環境のダイナミックな繋がりがあると

> 0）脳〜身体〜環境世界の，ダイナミックなつながり
> 1）身体性
> 2）社会性
>
> 発達の場面では，より一層！

㉖潜在（認知）過程の特徴

（㉖）。それだけではなしに，その身体というものが社会性の相貌，社会性のアスペクトのもとに繋がっている。つまり，からだで他者と繋がっていて，そこに社会性というものが出てくると。だから，無自覚的な身体のやりとりが，非常に自覚的で言語的なコミュニケーションに先立つ，その基盤にあるのではないかということをわれわれは考えています。

　レディ先生の本を先ほども改めて読み返していたのですけれども，「ギャップ」をどうやって埋めるかということが書いてあります。ここで言う「ギャップ」というのは，私の解釈では，従来の客観的な研究の方法では，どうしても越えられない奇妙なギャップが出てくるのです。それをどうやって越えるかという話なのですけれども，それと関係があるだろうと思います。そのことは発達の場面ではより一層明らかなので，私自身の研究のキャリアも振り返って，むしろ発達のアプローチの中から二人称的なアイディアを拾って，でも，それはニューロサイエンスに載せることはできるのでは，と。

　つまり，先ほど扁桃核の両側切除の話をしましたが，あれを発達の方々に話すと，「それ見たことか」と，「神経科学はアホじゃ」と，「あんなことをやっていても駄目なんだ」という話になって終わってしまうのですね。そうではない。神経科学で掴まえられるわけですよ。ただ，そこを見ていなかったと。その見ていなかったところを発達心理学に教えていただきたいと思うわけです。

We are more connected than thought before!

㉗私たちは，思いのほか互いに繋がっている！

私たちは，思いのほか互いに繋がっている！

　最後に，ダライ・ラマ 14 世（1935 ～：チベット仏教の最高指導者）という方に謁見するチャンスがありまして，彼と親しく 30 分間やり取りをする経験をしたのですけれども，そのときにもこれと似た絵（㉗）をお見せしたのですが，イメージとして蓮の花をアジア系の方には思い浮かべていただいて。蓮というのは水面の上だけを見ていると，花がバラバラに咲いていて，お互いに何の縁もゆかりもないようなのだけれども，よく見ると地下茎で水の下では繋がっているわけですよね。そして，栄養分のやり取りをしたり，いろいろな相互作用が起きていると。そのイメージが，いちばん私たちの思っているよりも，私たちはお互いに繋がっているということを象徴的にに示しているのではないかと思います。

　はい，ちゃんと 1 分残して終わります。どうもありがとうございました。

●文献

1) Beebe, B., Lachmann. F. (1988). The contribution of mother–infant mutual influence to the origins of self- and object representations. *Psychoanalytic Psychology* 5: 305-337.

2) Condon, WS., Sander, L.W. (1974). Neonate movement is synchronized with adult speech: interactional participation and language acquisition. *Science* 183: 99-101.

3) Fogel, A. (1993). Two principles of communication: Co-regulation and framing. In Nadel, J., Camaioni, L. (Eds). New Perspectives in Early Communicative Development. Routledge. p.9–22.

4) Fujisaki, W., et al. (2004). Recalibration of audiovisual simultaneity. *Nature Neuroscience* 7(7): 773-778.

5) Kashino, M., et al. (2014). Reading the implicit mind from the body. *NTT Technical Review* 12 (11).

6) Laidlaw, K. E. W., Risko, E. F. & Kingstone, A. (2012). A new look at social attention: Orienting to the eyes is not (entirely) under volitional control. *Journal of Experimental Psychology* 38(5): 1132-1143. doi.org/10.1037/a0027075.

7) Reddy, V. (2008). How Infants Know Minds. Harverd University Press.［ヴァスデヴィ・レディ．佐伯　胖訳 (2015)『驚くべき乳幼児の心の世界──「二人称的アプローチ」から見えてくること』ミネルヴァ書房］

8) 下條信輔（初版 1988，新装版 2006）.『まなざしの誕生──赤ちゃん学革命』新曜社.

9) Shimojo, E., et al. (2012). Don't look at the mouth, but then where? —Orthogonal task reveals latent eye avoidance behavior in subjects with high Autism Quotient scores. Annual Meeting of the Vision Sciences Society, Florida. (*Journal of Vision* 2012; 12: 493. doi: 10.1167/12.9.493.)

10) Shimojo, E., et al. (2013). Don't look at the face—social inhibition task reveals latent avoidance of social stimuli in gaze orientation in subjects with high Autism Quotient scores. Annual Meeting of the Vision Sciences Society, Florida. (*Journal of Vision* 2013; 13: 843. doi: 10.1167/13.9.843.)

11) Stetson, C., et al. (2006). Motor-sensory recalibration leads to an

illusory reversal of action and sensation. *Neuron* 51: 651-659.

12) Tronick, E.D., Als, H. & Brazelton, T.B. (1977). Mutuality in mother-infant interaction. *Journal of Communication* 27(2): 74-79. doi: 10.1111/j.1460-2466.1977.tb01829.x.

13) Watanabe, M., et al. (2011). Mirror adaptation in sensory-motor simultaneity. *PloS One* 6(12): e28080. doi: 10.1371/journal.pone.0028080.

14) Yun, K., et al. (2012). Interpersonal body and neural synchronization as a marker of implicit social interaction. *Scientific Reports* 2, Article number: 959. doi: 10.1038/srep00959.

15) Wang, C., et al. (2014). Don't look at the mouth, but then where? —Orthogonal task reveals latent eye avoidance behavior in subjects with diagnosed ASDs: A movie version. Annual Meeting of the Vision Sciences Society, Florida. (*Journal of Vision* 2014; 14: 682. doi: 10.1167/14.10.682.)

16) Wang, C., et al. (2015). Don't look at the eyes: Live interaction reveals strong eye avoidance behavior in autism. Annual Meeting of the Vision Sciences Society, Florida. (*Journal of Vision* 2015; 15: 648. doi: 10.1167/15.12.648.)

ディスカッション

はじめに

佐伯：たいへん時間が短いなかを，基調講演，それから集中したミニレクチャーということで，非常に忙しかったと思いますが，少し予定よりもレクチャーまで時間が早く終わったので，どうぞお気軽に，どなたにでも質問していただけたらと思います。

　レディさんに対しては日本語で質問されても，もちろん英語でされても結構です。日本語でレディさんにあてて質問をされても，その質問内容を當眞さんがレディさんに英語で伝えて，そしてレディさんの答えを日本語で當眞さんが，その質問者にお返しするということをしていただきます。それ以外のことは日本語でのやり取りということで構いませんので，自由に質問を出していただきたいと思います。

　それでは，どうぞご自由に，どなたに対してでもよろしいので，質問なりコメントなり，「ぜひ，これは言っておきたい」と思うようなことがありましたら，ご発言いただきたい。そして，ご発言の前には，必ずご所属とお名前をはっきりと聞き取れるようにおっしゃっていただきたい。と申しますのは，本日のこのシンポジウムは後ほど印刷物になる予定なのですね。そういうこともありますので，質問者のお名前とご所属は明確にはっきりとわかるようにおっしゃってから，質問なりコメントなりをお願いします。

　では，どうぞよろしくお願いします。いかがでしょうか。

　はい，では前の方，どうぞ。

イモーショナリティは連続的に変化するのか

岡ノ谷：東京大学の岡ノ谷一夫と申します。レディさんに質問なのですが，赤ちゃんが持っているイモーショナリティが，違う種類のイモーショナリティだと，different kind of emotionality だとおっ

しゃっていたのですが，これは
カテゴリーがされていないとい
う意味で，まだ言葉がないから
イモーショナリティが連続に変
化するということでしょうか？
……ということをお願いします。
當眞：He is asking……（以下，
通訳）。

レディ：いいえ。そうではありません。違うタイプの「情動性
（emotionality）」と言ったのは，英語が，リズムを表す概念的な
カテゴリーを持たない言語なので，リズムのような動的な動き
を「情動（emotion）」とみなして考えることができないというこ
とです。私たちにとって唯一「情動の言語」だといえるのは「音

楽」だと思います。音楽の世
界では，動的な動きにはそれ
を表す符号や名称がついてい
て，それにより動的な動きが
表現されます。つまり，乳児
に限らず大人にとっても違う
タイプであるといえます。皆
それを持っているけれども，
それについて話す方法がないのです。それを「情動」とみなして
いませんが，個々の行為のうちに存在はしています。
當眞：よろしいでしょうか。日本語にしますか。はい。

　（通訳・解説）違うタイプのイモーションというわけではなく
て，動きであるとかリズムであるとかいうことを「イモーショ
ナリティ」という広い概念の中に入れ込んで考えておられてい
て，それをやはりイモーションとして，情動的な性質と繋がる
ものとして語る言葉を私たちは持たないという……。それに近
いものは，どちらかというと音楽分野で，リズムや何かをうま

く捉えるような表現はあるけれども，
私たちはそのようにこれまで捉えてこ
なかったというところが問題提起のよ
うです。よろしいでしょうか。

岡ノ谷：わかりました。それに加えても
よいでしょうか。

佐伯：どうぞ。

同調することの進化的意義

岡ノ谷：はい。動きやリズムというものの同調という現象が，下條
先生もお話しされておられましたけれども，同調するというのはわ
かるのですが，同調するのはなぜなのですか。そもそも究極要因と
して，進化的な利点が同調にはあるのかどうか，という話をレディ
さんと下條さんにお願いします。

レディ：なぜエントレインメントがあるのか。なぜ相互的な同調が
あるのか。それは，どんなレベルにおいても，関係を持たずに存在
するものはないからです。分子レベルでも，有機体レベルでも行為
レベルでも，関係性のなかに存在していないものはありません。
ですから同調は，「意図的に同調する」というのではないと思いま
す。関係のなかで何らかの適応を行うのは，あらゆるものに——ど
んなものにも——構造として備わっているのだと思います。2番目
のご質問の「なぜ同調は重要か」ですが，それは，私たちの実体が
関係的だからです。ですからそれを理解するには……というのはご
質問とは違いますね。ご質問は「なぜそれが重要なのか」でしたね
……。

岡ノ谷：私の質問はなぜそれが重要かということです。

レディ：ああ，そうですか。では，それは松沢先生に伺いたいと思
います。

松沢：岡ノ谷さんの質問の2番目の，なぜ，どこに同調することの
進化的な意義があるのか。

まず前提として，チンパンジーでもシンクロナイゼーション，同調というのがすごくホットなトピックになっています。

　具体的にはタッピングでキーボードを与えられて，チンパンジーが下のドと上のドを交互にタッピングするという，人間でも同調を調べる課題なのですけれども，このタッピングをするときに，外側にまったく無関係にメトロノームの音をタッタッタッタ……。全然メトロノームと同調する必要はないのですけれども，タッタッタッタッタッタとやれば早く，タ…タ…タ…であれば遅く，メトロノームと同調して，2つのキーを下のドと上のドをたたく，そういう傾向がチンパンジーにあるということが認められました。

　それは外側のメトロノームではなくて，2人の対戦場面，対面場面で，2人のチンパンジーがまったくただキーを交互に30回押せばよいだけなのですけれども，やはりこれも同調して…。

チンパンジーにみられる同調の選択性

松沢：ただ，ここの場合に，その組み合わせの妙があって，子どもがお母さんに同調する傾向があります。お母さんは子どもに同調しない。子どものほうがお母さんに同調する傾向が強いということがわかった。

　そういう意味で，必ずしも母と子が対称的ではない。というのは，野生チンパンジーの道具使用などを見ていても，子どもはより大きな大人，青年の様子を見るし，フルアダルトの様子も見る。けれども，フルアダルトは若者が何をしていようが，ましてや子どもが何をしていようが，あまり気にしないというのがあるので，ある意味で，同調するというところに選択性がある。

　であるとすると，いまの巡りめぐって答えなのですけれども，ある種の行為を重ね合わせるということが，自分の行為が本当にそのものと同等かどうかというのは，重ね合わせて初めてはっきりわかるわけですから，重ね合わせようとする。そのことの適応的な意義としては，自分の行動が本当にほかのものの行動と同じなのか

を確認する意味なのかなと，ひとつ思います。

　ただ，もうひとつ，まったく別の解釈がありえて，お母さんのアイがタッピングの課題をしているときに，アユムは全然課題と関係ないので何をする必要もないのですけれども——実験をやりながら気がついた服部裕子さんが第一著者ですけれども——，タッピングに合わせて踊り出すのですね。体をこう左右に動かしたり，前後に動かしたり。同調することそのものに報酬価がある，強化力がある。実際に同調する，同じことをするということが，そもそもイントリンジック（内発的）に本来的に強化刺激を持っている。何の説明にもなっていないのですけれども，本当に事実として，同期することそのものが大変強化力を持っているという解釈もできるのかなと思いました。

自己組織的に同調したり，崩れたりすること自体に意味がある

下條：あまりこの話ばかりしていられないと思うけれども，手短に全然違う角度からのひとつの答えとして，私は同調すること自体が大事なのではなくて，自己組織的に同調したり，それが崩れたり，あるいは課題によっては崩したり，また戻ったりということに意味があると思っています。

　それは情報理論的に多分証明できることだと思うけれども，ひとつのアナロジーとしては，1個の脳の中のニューロン同士の振る舞いを考えればよいわけで，それらのニューロンも，スモールワールド・ネットワークという理論がありますが，視覚と聴覚を合わせた課題をやるときは，視覚系と聴覚系のニューロンが同期してくるわけですね。プロジェクトチームのように。そしてその課題を成し遂

121

げると，その同期は崩れていきまして，その次は，たとえば触覚刺激に注意が向くとすると，今度は触覚系とたとえば前頭系の同期が高まるというように，離合集散をダイナミックに繰り返しているわけです。

　そのことが，脳のような巨大な情報量とエレメントを活用して適応的に統合的に振る舞わせるためには，おそらく計算論上，都合がよいのだろうと思います。

　同じことが，たとえば鳥の群れにもあって，天敵が現れて，1羽が飛び立つと，みんな一斉に飛び立って同期しているように見えるわけですけれども，それはその場面でプラスであるし，新生児が母親の母国語に対してリズムを合わせて同期しているときには，そのことが母国語の習得に役に立つとか。

　けれども，同期しっぱなしであるとどうなるか。たとえば，脳のニューロンが全部同期しっぱなしであるとどうなるかというと，情報処理量が1ビットになって，いわゆるてんかん発作というやつを起こして，完全に意識が失われるわけですね。だから，同期していること自体が大事なのではなくて，それが離合集散を繰り返すということに適応的な意味があると。そのために進化してきた。こう考えたいのです。

佐伯：では，岩田さんどうぞ。

社会的行動様式の影響

岩田：東京女子医大の岩田誠ですけれども，いまの同期の問題で，ちょっと思いついたことがありまして，世界中の音楽を集めていた小泉文夫（民族音楽学者，1927〜1983）さんが書いていることを思い出したのですけれども，彼は，カナダのグリーンランドの近くのイヌイットの2つの部族で合唱の実験をやったのがあるのです

ね。ひとつはアザラシ狩りを主体としているところで，アザラシ狩りをする漁師というのは大体一人で行動するのだそうです。もうひとつのグループは，その部落はクジラを捕っているところで，クジラ捕りは集団で漁をしないとできないのだそうです。それで，両方とも，何と言うのですか，一族に特有の歌を持っているので，それを合唱させたのですね。そうしましたら，クジラ捕りの部落の人たちはきれいに同期した，要するにちゃんと合唱になるのですけれども，アザラシ狩りをしているグループの人たちは，何人かが全部違う音程，違うリズムで歌って，まったく合唱にならなかったと小泉さんは書いていまして，同じようなことを小泉さんは，アフリカのある部族で，やはり一人で単独で狩りをするグループの人に合唱をさせたら，バラバラになってまったく歌にならなかったということを書いているので，そういう社会的な行動様式が，やはりそういう影響を与えているというのは，かなりあるのではないかなと思って伺っていました。とても面白い議論だと思いました。

佐伯：ありがとうございます。何かありますか，いいですか。どうもありがとうございました。

　ほかに。では，こちらの方，どうぞ。

チョウの同調が示唆するシステム工学的説明

池田：昆虫をずっと研究している池田清彦です。チョウなどを見ていると，すごい同期して飛んでいるのですよね。そうすると，こちらの脳とこちらの脳が，チョウの脳などというのは人間の10万分の1ぐらいしか神経細胞がないのだけれども，こちらの脳を解析して，こちらの脳がそれに合わせるというよりも，何か2つの脳が一緒になって，その間に神経の回路があるような感じがするので

123

すね。

　だから，そのコミュニケーションをし
ているときに，何か見たものが直接ダイ
レクトに行って，それでもって相互にや
り取りしているようにしか考えられない
のですよね。それは脳が小さいせいなの
かなともちょっと思うのですけれども，
先生，どうですか。人間はちょっと脳が
でかすぎるのではないかと。

下條：システム工学的なことで言うと，目から入った情報が運動系
を動かすまでに，神経ディレイと呼ぶものがあるわけです。人間で
あると，たとえば目から入ったものに対して反応するのに百数十ミ
リセカンドかかったりとか，目が動くのもそれぐらいなのですね。

　チョウの脳との関係で考えると，その神経ディレイをお互いにあ
るスピードにしてやると，ちょうどよくポジティブフィードバック
が回って同期すると。それを崩してやると，同期しなくなるという
ことになっているわけで。だから，それがちょうどよく，しかも，
2つの個体があまりその係数が違い過ぎると，うまくいかないので
すね。

　だから，それが進化的にどうもそのようになっているらしいとい
うのが，同期しやすくなっているというのが進化的な答えになる
わけだけれども，それが，なぜそうなっているかということにな
ると，先ほどの岩田先生の話は，本当に人間の場合にはおっしゃる
とおりだと思うけれども，チョウの場合にはなぜかというのは，
ちょっと不思議ですよね。ただ，2つの個体の神経ディレイの係数
が同じぐらいでないと駄目だということは言えるわけです。

乳児のからかいは，同調的やりとりを崩し，より高次な調整を行う

レディ：エントレインメントと同調に関して，ひとつだけ付け加え

たいことがありました。哺乳類の動物の多くについてもそういえるかもしれませんが，少なくとも人間の場合，「エントレインメント」だけでは，どのように結びつきや関係が起こっているのかを十分に把握しきれないと思います。

乳児のからかいを観察すると，そこで行われているのは同時性を崩すこと，それ以前のエントレインメントや理解を崩すことです。しかし，それを遊びながら楽しくやることにより，より高いレベルの結びつき，同時性が得られるのです。ある意味，下條先生のおっしゃるように，作ったり壊したりしているわけですが，それ自体が対話のようです。それぞれの人が同じことをやっているのではありません。それぞれが応答したり，崩したりすることによって，より高いものを構築しているのです。これでおわかりになるでしょうか？

當眞：（通訳・解説）レディさんは，エントレインメントとして一緒になっているということだけが重要だというようには思っていらっしゃらなくて，たとえば，きょうの事例の中にもあったティージング，からかうというのがありましたよね。あれは，今まで割と同期的にやり取りしていたのを，あえて崩すことで面白さを引き出すというようなことがあるわけで，チューニングしたら，それがずっと持続されるという方向性で発達を考えるというわけではなくて，あえてそうやって崩す。

なぜ崩すかというと，崩すことで，さらにもう少し高次の調整の可能性が生まれてくるというような形で，下條さんがおっしゃっていたように，作っては壊し，作っては壊しというプロセスの中で生まれるものがあるというところが大事なのだけれども，なぜ，ではチューニングがあるのかというと，ちょっとまた難しいですね，ということですね。

佐伯：では，後ろの方，どうぞ。

「心の理論」のオーバー適用の可能性について

守：東京農工大学の守一雄と申します。
大変興味深く伺いました。多分きょうの
テーマにかかわると思うのですけれど
も，研究者の側のほうが，同期すること
をすごく好きで，それを求めてデータを
探しているために，ホタルであったり
チョウであったりが勝手に同期している
というように，「心の理論」をオーバー
適用してしまって，音叉は別に同期しよ

うと思って共鳴するわけではないのと同じように，そういうことは
ないでしょうかということです。

　たとえば，下條先生のデータの中にあった，脳波が同期してい
るというのも，ものすごくたくさんのチャンネルで調べています
よね。あれほどたくさんあれば，どこか一箇所ぐらいは同期して
しまうのではないかということも含めて，われわれのほうが同期を
ものすごく好きなので，それを追い求めて一生懸命探して見つけて
は，「あっ，同期があったぞ，同期があったぞ」と言っているけれ
ども，あまり実は関係ないのだという可能性はないでしょうか。

下條：われわれが同期を探し求めたのは事実ですね。けれども，当
然サイエンスにはそれに対する歯止めがあるわけで，釈迦に説法で
すけれども，統計学のタイプ１エラー（第一種過誤）というのが常
にあるわけです。

　最近出た例で言うと，fMRI（機能的磁気共鳴画像法）の研究の
ほとんどがそれを犯していると。だから，fMRI による神経科学は
ブードゥー・サイエンス（ニセ科学）だと。その証拠に，死んだサ
ケを使っても，脳の活動がとれたという話があるのですけれども，
それが論文に出たのですね。ブラックリストも出て，この論文とこ

の論文はアウトというのも出たのですけれども，われわれの EEG（脳波）の場合にも，もちろん統計学的な補正をしまして，そういうリスクを超えて有意に同期しているということを調べ，つまり統計的な検定を繰り返すごとに基準を厳しくしているわけですね。

それから，たとえばホタルやカエルに関しては，その余地はないわけで，まったくランダムなものというのはどういうものかというのは，エントロピーの計算をすれば非常に自明なわけなので，それに対して有意に同期してきているということを示すのは計量的に簡単だし，これは観察者の関与する余地はないわけです。

ただ，ひとつだけ守先生がおっしゃることでもっともなのは，研究者がそういうものに関心を持って探さなければ，カエルの鳴き声の話もホタルの話も人間の脳の同期の話もないと。それは事実ですね。

佐伯：よろしいでしょうか。では，そちらの方。

赤ちゃんの自発的微笑は快感の表出なのか

黒田：東京理科大学の黒田玲子です。まったくの門外漢なのですけれども，お話を聞かせていただいて大変面白かったのですが，ちょっとだけ。同期をするとか，あるいはからかうという話では，何か快感ということに関係があるのかなと。最初に 11 日目でニコッと笑うと。目も開いていないのに。

I can speak in English, but perhaps you can translate it. After 11 days, babies just smile, although their eyes are not yet open.

レディ先生以外の先生にもちょっとお聞きしたいので，また日本語にしますけれども，これはチンパンジーにはこういうことがないのでしょうか。

脳波で言うと，何の理由もないのにニ

127

コッとするというのは，何か神経科学的に言うと脳波とかかわっていて，たとえば快感を持っている，同じようなことが同期をするとか，からかうとかいうときに，人の反応を見てかもしれないけれども，何か快感のようなものがあって，進化のレベルでどうこうということではなくて，そのレベルから考えてみて何か説明ができるのかなと。特に11日でニコッとするというのは，すごくインプレッシブですよね。チンパンジーにも同じことがあるのかというのは松沢先生にお聞きしたくて，脳波からということを下條先生にお聞きしたいということなのですけれども。

レディ：そうですね。赤ちゃんは，時々眠っている間ににっこり笑います。そしてそれは……。

黒田：はい。どうしてなんでしょうか。

レディ：笑みは快感の表出なのかもしれないと思います。

黒田：私もそう思いました。

レディ：もしそれが快感だとすれば，「身体は赤ちゃんに快感を与えない」と考えなくてもいいと思います。何かしらの満足があるというしるしなのかもしれません……。

黒田：脳のなかだけでの満足でしょうか？　それともおそらく…

レディ：身体もだと思います。身体は時々「栄養物」をもらう。そうしたらそこには，何かしら温かい感覚が生まれるのだと思います。まだ，わかっていません。わかっているのは「自発的微笑（endogenous smile）」といわれる微笑があって，それが生後数週間で次第にみられなくなるということです。

黒田：ああ，そうですか。ということは最初の2，3週間だけ……。

レディ：はい，そうです。ただし成人も睡眠中に夢を見てほほ笑むことがあります。「外因的微笑（exogenous smile）」は生後数週間で始まり，増えていきます。でも，境界線はあまりはっきりしていません。

チンパンジーの赤ちゃんにも自発的微笑はあるか

黒田：どうもありがとうございました。同じ質問を松沢先生に伺いたいと思います。自発的微笑はチンパンジーにもありますか。

松沢：はい，ご質問ありがとうございます。きょうはチンパンジーのところを飛ばしてしまったのですけれども，まったく同じ新生児の時期にだけ見られる自発的な微笑がチンパンジーにもあります，というのがわれわれの研究のひとつの白眉でした。

　というのは，想像していただいたらわかると思うのですけれども，野生チンパンジーを私も30年見ていますけれども，夕方まどろんでいるチンパンジーの赤ちゃんの顔を……10メートル上で寝ているのですけれども，それを観察するということはまずできないわけですよね。野外研究からは出てこない。ラボの研究でも，参与観察というような形でのよい関係をチンパンジーと作るというのがひとつで，もうひとつは暗視カメラを使って，夕方の穏やかな状況を撮ると。その背景に，チンパンジーにも絶対に新生児の自発的微笑があるという確信がなければいけないですけれども，それを撮ったらあったのですよ。本当に目をつぶったままニッとほほ笑む。

　ただ，似ているところはいくつもあって，目をつぶって，いま人間の場合でおっしゃられたように，比較的穏やかな状況でしか出てこないのですね。穏やかな夕方のまどろみの中でニッとこうやる。それから大体8週間ぐらい続きます。2か月ぐらい続いて，そこで消えていくと，その代わりに今度は目を開いて，相手を見ながらニッとほほ笑むというのが出てくる。そのパターンは人間でもチンパンジーでも同じでした。

新生児微笑の進化的起源

　ですから，チンパンジーにもほほ笑みがあるということは，新生児微笑の進化的起源は，人間が独自に作ったのではなくて，チンパンジーと人間の共通祖先，600万年ぐらい前の共通祖先でもあったというのがひとつです。

　そうすると，では，ほかのそれ以外の，ヒト，チンパンジー以外でどうだろうということで，今年の2か月程前に論文が出たのは，なんとニホンザルでも新生児微笑は出てくる。ニホンザルの赤ちゃんをたくさんたくさんたくさん集めてみると，ニホンザルでも新生児微笑が出てきます。ただ，目をつぶってニッとほほ笑む，口角を横に引いて上がるという形態学的な形は同じなのですけれども，随分短い。ニッと笑ってすんでしまう。それから，非対称で片側だけ，シニカルに笑うように片側だけ上がることが多いと。

　どうも新生児微笑と定義すれば，そのものはあるのですけれども，その後の発達のなかでそれが微笑のほうに移動していくわけではなくて，ニホンザルの場合には，サルが「キャッ」と言ったときの表情を思い浮かべていただくとよいのですけれども，「キャッ」というのは唇を横に引いていますよね。ほほ笑みに見えないこともない。グリメイス（grimace）と呼ばれている表情なのですけれども，そのグリメイスのほうへ移行していくのかな。だから，機能が違うもの。機能が違うというのは，ニホンザルが変わっているのではなくて，本当はほほ笑みというのはグリメイスに起源していて，「キャッ」という顔なのですよ。親愛の情を表しているわけではなくて，「キャッ」という表情で，ただ，その「キャッ」という声を出さないで「キャッ」という表情をあらかじめする。

　たまたま私の前に村上陽一郎先生がいらっしゃいますけれども，村上先生のところへアプローチするときに，「私のほうが劣位ですよ」という「キャッ」という表情を先にしてしまう。先に「キャッ」という表情を示すことによって，劣位なものが優位なものにアプローチしていくと。

どうも多分そのほほ笑みの起源というのが，その劣位の表情を
先に示すということをチンパンジーでもするのですけれども，人
間がそれを編み出した。本当は快とは関係のない，快のほうは
open mouth relaxed face と言って，「あはははははは」と笑ったと
きの口を丸く開けた，「あああ」という……。ですから英語で言う
と laughter，laugh という表情と，smile という表情は，人間では
同じ機能を持つように進化してきましたけれども，スマイルは，も
ともとはグリメイスから，恐れというのをあらかじめ出す。恐れの
表情を先に出す。目上の者に対してかしこまっています，というこ
とを先に示すという機能から発生してきただろうというように，
表情の系統発生の研究をしているヤン・ファン・ホーフ（Jan van
Hooff，1936 〜：オランダの動物行動学者，霊長類学者）先生が書
いておられます。

同期は快感なのか

佐伯：快感仮説と，いや快感ではないという，同期する，シンクロ
ナイズドすることの根底に快感があるというようなことを考えるべ
きかどうかということで，いま湧いているわけなのですが，下條先
生のご意見は。

下條：何か話題が同期にばかりに集中して「ドキドキ」してしまう
のですけれども（笑），すみません，くだらないことを……。

　そもそも文化を問わず，なぜ音楽というものがあるのかと。音楽
の人類学的研究は結構あって，人類の起源の部分で，社会集団があ
る程度形成されてきたときに，多分時を同じくして発生してきて，
音楽というものには必ずリズムというものがあって，ほぼ確実にダ
ンス，みんなで踊るということと繋がっているわけですね。これが
言語の発生と時間的にどうかと。因果関係がどうかと。新皮質の進
化とほぼ同時なのだけれども，因果関係はどうなっているか。いろ
いろとあるわけです。

　fMRI の研究では，音楽を聞かせて快が高まると，実際に報酬系

の活動でもってそれが示せるというデータは，それこそ掃いて捨てるほどあります。それから，脳波のほうではアルファ波というのが知られていて，これはリラクゼーションの指標だとよく言うわけですけれども，モーツァルトを聞くとアルファ波が上がるとかいうその手の話も，これまた掃いて捨てるほどあります。

いまの話に共通なのは，そもそも音をみんなで聞くということが，音は脳波のモジュレータですね。いま私たちの研究室でもやっているのですけれども，アルファ波はほぼ10ヘルツなのですけれども，それをみんなで聞くと，みんなの脳波のコンポーネントの中で，10ヘルツのものが上がっていって，結果においてはインターブレインつまり脳同士の同期も高まるわけです。

だから，それやこれやのいろいろなピースを突き合わせると，つまり，音というもの，あるいは音楽というもの，同期するということは快であるということは間違いないし，何らかの理由で，先ほどの岡ノ谷さんの質問にも戻るのですけれども，そのことがリウォーディング（rewarding：報酬系）であるように，人間の社会集団が進化してきたということは間違いないと思います。

ずらすことに価値のある「同調」もある

佐伯：音楽の話になったら岩田先生はちょっと黙っていられなくなるのではないかなと思うのですが，いかがですか，岩田先生。

岩田：岩田ですけれども，私よりも村上陽一郎先生のほうが音楽は深いですから，お渡しします。

村上：私は昔から謡をやるのですけれども，地謡というのがあります。いわば複数の男声コーラスですが，音程も息継ぎなどもばらばらです。節回しのタイミングも少しずつずれます。それがむしろ貴いというように理

解されていて，ヨーロッパの，あるいはグルジアなどでもそうですけれども，非常に見事にハーモニーが揃っていたり，リズムが縦にきちんと揃っていたりすること自体に価値を認めないという形の「同調」もあり得るということは，ご理解いただければと思います。

佐伯：どうもありがとうございました。

　では，ほかの質問は何かありますでしょうか。どうぞ。

言葉の共有化は同期といえるか

中山：財団の理事を務めております中山和子と申します。まったくの門外漢なのですけれども，下條先生にお伺いしたいです。

　先ほどのお話からいくと，人間の言語の起源というか，たとえば日本語で「ヤマ」という言葉がみんなに受け入れられたときに，やはりその「ヤマ」という音に対する同期というか，そういうものがないと，最初はそういう言葉が共通のものにならないのではないかと思うのですけれども。ある場所では「マウンテン」であれば，「マウンテン」という音が共通のものになっていくときに，やはり何か同期がないと……。

下條：すみません，何と何の同期ですか。

中山：あのような木が生えているとがっているものを誰かが「ヤマ」という音で呼ぶとすると，それが「ヤマ」という音で受け入れられるためには，同期が必要なのではないでしょうか？。

下條：ちょっと質問の趣旨がはっきり掴めないのですけれども，脳内で，ある部位と別の部位が，たとえば意味論を処理している部位と音声を処理している部位で，ある種の同期が起きないと，その間の繋がりが出ないとかいうことは言えるのですね。

　ただ，インターパーソナルでどうかというのは，2つの極端な意見があって，ソシュール（Ferdinand de Saussure, 1857 ～ 1913：

スイスの言語学者）の言語理論では，山は日本語では「ヤマ」だけれども，英語では「マウンテン」ではないかと。ドイツ語では忘れましたけれども，音声が全然違うので，「ヤマ」という音声の中に実物の山の特徴を表す何かがあるわけではないと。まったくその間の関係は偶然的であるというのがひとつの考えです。

けれども，言語に関しては，もうひとつ極端な考えがあって，それはシネステージア（synesthesia）……共感覚と言いますけれども，シャープなものを表現する言語は，全部口がすぼまってシャープに発音しているではないかと。たとえば「コオリ」とか「アイス」とかね。

そういうことを根拠に，多感覚共通性が言語の起源に先立つという考えもあって，だから，そちらのほうの立場に立つと，「ヤマ」という音声の中に何かがあると，「ヤマ」を指し示す何かがあるという考えもあり得るわけですけれども，そちらのほうがいまのところ分は悪いと思いますし，そこに同期を入れるのはまだちょっとよくわからないですね。インターパーソナルにみんなが共通に理解しているときに，何かと何かが同期しているかどうかというのは，ちょっと疑問だと思います。

別の例を挙げると，昆虫でチェリーならチェリーの香りに対して嗅覚脳が反応するのですけれども，ある昆虫のチェリーというエンコーディングのスパイクパターンと……スパイクパターンというのは神経活動ですが，別の個体においては，同じチェリーをエンコードしている神経パターンは全然縁もゆかりもなくて，全然似ていないということなのですね。だから，私が「ヤマ」という言葉を理解しているときの脳の活動を脳波でとったとして，質問者の方が，やはり「ヤマ」というように理解しているときの脳波の活動をとったとして，その両方が同期している必要はないような気がします。

音楽とはワンステップ異なる言葉の意味論的理解

中山：でも，歌などでは，みんなが同じ歌を歌うときに，みんなが快感というか同期するわけですよね。そのようにして……。

下條：それは，歌についてはそういうデータはあります。同期します。でも，それは音楽のリズムに対して，脳がその周波数で反応しているというように考える。共通のリズムを聞いているわけだから。

中山：言葉にはそのリズムがないので，そこが違うということでしょうか。

下條：言葉の意味論的理解については，ちょっとワンステップ違いますよ，という話です。

中山：ソシュールの理論だとしても，それはやはり，何か「ヤマ」なら「ヤマ」という言葉がみんな共通のものになるためには，何かがあるわけですよね。そこはまだ証明されていないということですか。

下條：そう思いますね。たとえば，誰かは全然「ヤマ」ではなくて，「チダ」という言葉を山の意味に使いましょうと提唱していたかもしれないけれども，そちらは広がらなくて，「ヤマ」が日本では定着したと。それはなぜかというのは，あまり誰も問うていないし，ちょっとどうやって調べるのかわからないですね。

中山：ありがとうございました。

錯覚の上に成り立っている人間の言葉

池田：言葉の話が出たので，たとえば犬の名前が，僕はコロという犬を飼っていたのだけれども，僕が「コロ」と呼べばついて来ますけれども，ほかの人が「コロ」と呼んでも来ないのですよ。その犬にとって，僕の「コロ」とこの「コロ」は全然違うのですよ。人間は「コロ」と言うと，全部同じものを指し示すと思っているけれども，それは人間の錯覚であって，動物はそういうのはないから，個人の音声だけが自分の名前を呼んでいると思っている。ほかの人が

「コロ」と言っても反応しない。だから，「ヤマ」と言ってもみんな違う音なのに，みんな同じ「ヤマ」だと思っている。それは人間の錯覚なのです。人間の言葉というのはそういう錯覚の上に成り立っていて，だから，逆に言うと，ものすごくアブストラクトなコンセプトなどであると，人によって意味が全部違うわけですよ。

　多分インファントのコミュニケーション能力がすごく高いというのは，言葉がないからということも大きいと思うのですよね。言葉を介してしまうと，ダイレクトなコミュニケーションが阻害されるということもあって，われわれは言葉を介してコミュニケーションをするから，言葉がないとコミュニケーションができないと思うけれども，それは本当は逆なのではないかという気がするのですね。

　だから，われわれは言葉を持ったお陰でコミュニケーションがうまくいかなくなって，それで赤ちゃんの真似をしたほうがよいのではないかという感じに僕は思っているのですけれどもね。

言語発達が人間にもたらすもの，失うもの

レディ：はい。おっしゃる通りだと思います。私たちは，言語のおかげで，それなしでは踏み込むことのできない新しい領域に踏み入ることができるわけです。しかしそれと同時に，言語は，哲学者たちが提唱したように，盲目も引き起こします。実体のある部分を捉えた言葉が見つかると，たちまち実体に隣接する他の部分は，暗闇

に埋もれてしまいます。私たちは，それを見ることすらできなくなります。

　例えば，音への同調に関しての例を挙げると，赤ちゃんは，母国語以外の言語の音を聞くことができて，それを聞き分けることもできるのがわかっています。しかし，異質な音を聞いて識別できるこの能力は，9か月ぐらいまでで消失します。ですから，このように私たちは，先に進んでいく道に向かうよう絶えず促されていますが，と同時にそのことによって他の道がブロックされ，見えなくなってしまうのです。言葉によって捉えられなかった，実体としてあるさまざまな音やアスペクトなども見えなくなり，知覚することができなくなってしまうのです。

當眞：（通訳・解説）おっしゃるとおりで，言語というのは新しい世界を開いてくれるのですけれども，言葉が入ってきたことで，言葉以前のモードで捉えていたものがそぎ落とされる，あるいはそこがブロックされてしまうという，アクセスがかえって難しくなって失ってしまうという側面を大いに持っているということですね。

　ですから，言語発達も，皆さんご存じだと思いますけれども，生まれた頃というのは，人間が持っているさまざまな言語の音に対して開かれているわけですけれども，だんだんと母国語の音以外は聞き取れなくなっていくという，そちらの方向に行くために失っていくものが一方であるというのは，確かなことだと思います。

池田：変な話だけれども，タイ語は母音が無茶苦茶たくさんありま

137

すよね。日本語は 5 個しかないけれども。だから，僕はよく「茨城県は 4 母音しかないので，日本で母音の文節が一番進化しているよ」と言っています。「アイウイオ」と言うのですよ。茨城県の人に言ったら怒られますけれどもね。「母音の文節は茨城県がいちばん進化している」といつも言っていますけれども。どうもすみません，余計なことを。

認知症の患者さんも二人称的に理解することが大事

佐伯：どうもありがとうございます。話が最初のシンクロニーというか，同期ということから派生して，リズムや音楽の話になりましたが，もともとこのシンポジウムというか，今回のテーマが二人称的なアプローチということが中心テーマなのですね。これに関して，何かもっと聞きたいという方がいらっしゃるのではないですか。はい，では，岩田先生。

岩田：私も，いま佐伯先生がおっしゃったことと同じことを考えていました。岩田でございますけれども，私は 2 年前に，このシンポジウムでレディ先生からお話しいただこうということで，レディ先生のお書きになった本を佐伯先生から教えていただいて，一気に読みまして，これは私のやっていることとまったく同じだと思ったのです。

　それというのは，私は現在，たくさんの認知症の患者さん，demented people をたくさん診ているのです。200 人ぐらい診ていますけれども，その方たちがケアの場面で，いわゆる異常行動とされるもの，それが私は前から気になっていまして，そういうのは abnormal behaviour ではなくて reasonable behaviour であるというように ずっと言い続けてきたのです。

　そういうことがレディ先生の本を読みまして，「ああ，そうか」と。いまのケアギバーたち，ドクターも介護士も含めての話ですけれども，みんながいわゆる認知症の方々の行動を三人称的に見ていると。それに対して，レディ先生の本を読んで私が非常に感じた

のは，やはり，そういう人たちの行動というのを二人称的に理解するということをしないと，これはとんでもないことになっているということになりまして，それから私はレディ先生のお名前も出しまして，認知症患者さんのケアのためには，二人称的な second-personal engagement をやらねばならないということを，私が去年出した本にも，もうすでに書いてございます。

　そういう意味で，非常に大事なものの考え方だということで，これは単に発達心理学とかそれだけの話ではなくて，社会的なそういう対人関係というのを考えるときに，やはり，私たちが立ち止まっていつも考えなくてはいけない態度なのではないかなということで，非常に私は感激いたしました。ありがとうございました。Thank you very much.

大人同士のかかわりに見られる興味深い掛け合い

レディ：ありがとうございました。実は最近，乳児だけでなく大人同士のかかわり——認知症の人，普通の定型的な大人——についても多く考察してきています。

　ひとつのかかわりのなかで，また，同一のかかわり合いのなかで，押す，カテゴリー化する，戻る，はね返すなどのやり方は，種々様々です。また，すべてのやり取りには，相手や第三者との間に興味深い掛け合いがあり，その瞬間に留まったり，押し出されて省察に向かったりします。かかわることと，かかわりを解くことの間を行き来するのです。交互に繰り返したり，時には両方同時に起こります。

　もしかしたら（I think there is…）……でもやはりわかりません。まだわかっていません。人間がその瞬間ごとに，いかに巧みに処理しているかを，私たちがまだ理解しているとは言えません。認知症のケースとは違うかもしれませんが，大人同士のインタラクションではこういった感じかと思います。

當眞：（通訳・解説）大人の場合も確かにそうで，いまちょっと新

しいことをおっしゃったところだけをハイライトして訳すと，大人同士のインタラクションの中で，セカンドパーソン的に没入しているというか，そうしている瞬間もあれば，このやり取りそのものを，少し引いて，第三者的に見て検討するということも起きるわけですね。それが自在に起きているというのが，大人のインタラクションの中にはどうやらある

ような気がして，それをどのように捉えたらよいかというのはまだわからないですけれども，ディメンティア（dementia；認知症）の方のやり取りにも，それから普通の大人同士のやり取りのなかにもあって，大事な領域だという，そこのところを少し。

二人称的な「死」，三人称的な「死」

村上：レディ先生は，先ほどマルティン・ブーバーの〈『我と汝』関係〉というのをご指摘になりましたけれども，先生のお話もブーバーの場合も，いわば生，生きているということについての二

人称的な問題を指摘されたわけで，ご存じかもしれませんけれども，フランスにウラジミール・ジャンケレヴィッチ（Vladimir Jankélévitch, 1903～1985）という哲学者がおりますが，彼が"La Mort"を書いていますが，その中では死に関しても，その二人称的な死と，三人称的な死というのを区別するという言い方をしているところがございます。もし，ご参考になれば，これからの考え方のなかにも取り入れてみていただければと思いました。

レディ：ありがとうございます。とても興味深いと思います。おっ

しゃっているのは「死」ですか。それとも「死にゆくこと」ですか。

村上：両方です。

レディ：わかりました。「死にゆくこと」についてはわかります。関係のなかに生きている場合，そのなかで「死ぬ」ことがありますし，また別々に「死ぬ」こともできます。でも，「死」に関しては……どうでしょうか。後でお話を聞かせていただいたらもっと理解できると思うのですが。確かに，それに関しては別の研究分野があります。専門家とそのクライアントの関係，特に医療関連の研究になりますが，そういった研究に私も少し関与してきました。「聞くこと」に対話という発想を導入し，医者が患者と二人称ないしいは三人称の関係を持つ，というものです。この分野では，「謙虚さ（humility）」や「語りの謙虚さ（narrative humility）」についてたくさんの文献が出ています。これもまた，方法をカテゴリー化してしまうことによって，他者との関係をブロックしてしまうというひとつの例かと思います……患者についての話になってしまいましたね。後でもっとお話を聞くのが楽しみです。

當眞：（通訳・解説）わかりましたでしょうか。ドクターと医療現場でのやり取りについても，セカンドパーソンとサードパーソンのアプローチの仕方の違いによって可能性が違ってくるという，その辺りの研究も関与されているということで，おっしゃってくださった死にゆくプロセスということとの絡みというのを，またこの後の……。

村上：その部分はまさにおっしゃった dying の部分ですね。

當眞：そうですね。

村上：はい。

二人称性と三人称性の行き来が必要

佐伯：先ほどからのお話のなかで，私なりにすごく大事な話が実は入っていると思ったのは，三人称性が入ることというのは，二人称

性を過信しない，つまり，相手をわかったような気になってしまうということを，「ちょっと待て」と。わかったような気になってしまっているということ自身を，ちょっと三人称的に見直してみて，「それって本当かよ」というような，つまりもうひとつ，「それって本当かよというような問い」を持つということが，やはり必要なのではないかということを含んでいるような気がするのです。

　それともうひとつは，「〈それは本当かよ〉と問うこと自身も〈本当かよ〉」というのもある。つまり，二人称性ということのものすごく大きな原点は，常に未知なるものへオープンしておくという，未知なるものに対して開いておくという状態。意外性とか，それから先ほどの話にも，驚きということが二人称性の重要なポイントになっているという話がありましたが，何か未知なるものをいつも保留していて，それを何と言うのか，そのことのために，むしろ二人称的になったり，あるいは，ときにそれを「本当かよ」という思いで三人称化するという，その両方の行き来が，われわれにとっては実は必要なのではないかという気がするのですね。

　ということで，時間が予定した15分になってきておりますので，そろそろ終わりにしたいと思いますが，それぞれの弁士の方に言い残すこととか，あるいは何かきょうのシンポジウム全体に対するコメントを，少しずつお願いします。

「2.5 人称」のアプローチ

下條：今のお話しとも関連してレディさんに質問し忘れていたというか，できなかったことがありまして。本当の意味で二人称なのかということなのですけれども，あのビデオのクリップは非常に persuasive（説得力のあるもの）だったけれども，あれは三人称で

すよね。カメラという視点が三人称。厳密に二人称と言うのであれば，臨床心理学のセラピストみたいに，自分がとにかく相手と……自分というのは実験者ですね，研究者が相手とかかわるということ以外は全部二人称ではないので，厳密に言うと，いま佐伯先生が言われたことに乗って言うと，二人称と三人称の行ったり来たりというアプローチを提唱されて

いるのではないかと。あるいは強いて名づければ，「2.5人称」なのではないかというコメントです。

レディ：そうですね。ある意味，私は自分が親であることから多くの着想を得ました。それは，乳児への私の応答にはある意味で知るべきことが含まれているということを受け入れてのことです。しかし，自分の例だけでは足りない。そこで，他の親の研究も始めるようになりました。それだけでなく「親が知覚したこと」もデータの一部として使っています。でも，確かに下條先生のコメントも一理あると思います。2つのうち片方だけでは方法は十分ではありません。しかしながら，「直接的なかかわり」から得た情報の持つ特性をブロックしてしまって考慮に入れないのは，とんでもないことだと思います。何かが欠けてしまいます。本当は知っていることを知らないふりをすることになってしまうからです。

下條：それでは，真の二人称と三人称の間を行ったり来たりするということですね。

レディ：はい，そうです。しかし，実験にしても，実験室に関することにしても色々な要素があります。確かに，大変厳格に客観的な三人称的メソッドというものもありますが，それにしたって，実際に実験室に入る前に待合室で起きていることを見てみると，多くの直接的かかわりがあり，それが実験を円滑にすすめる準備となっていたりします。ですから，すべてを排除した限定的な実験などあり

得ないと思います。私たちは通常，実験前に起きていることについて書いたりしませんが，実際は，それも研究の一部なのです。

「二人称的アプローチ」が明示的に問題を引き出す

松沢：私の場合には野外研究と実験研究をしているのですけれども，野外研究の場合は申し上げたとおり，石になり木になり風に

なって，やはりこれは三人称的に見たものを記述する。それに対して実験研究は，記憶の研究や言語の研究のように，三人称的にできるもの。簡単に言うと，やはり科学的に明示できるものを実験して論文にしてきたと思うのですけれども，すでにいまお話があったように，その背景には，私の場合は参与観察と呼んでいますけれども，二人称的に一人のチ

ンパンジーと向き合って，その中でのやり取りのなかから学ぶものから，問題にすべき問いというものを立ててきたのかなと思いました。

　そういう意味で，単に三人称的な研究に利するというだけではなくて，きょうのメインスピーカーのお話は，二人称的な場面で赤ちゃんに対して研究者が直接何かをするということが，より明示的な反応を引き出すというような形で，ひとつの重要なパラダイムになるということを明晰に述べられたところが極めて新鮮だったのかな。少なくとも私にとっては大変新鮮でした。ありがとうございます。

対象をモノ化しない「人間科学」の構築を

レディ：私が「人間科学」を構築するとすればそれは，科学者と世界との関係，科学者と参加者との関係も認知するような「人間科学」です。北米の先住民が自分たちと自然との関係に用いているよ

うな参加型アプローチです。さまざまな科学の分野の間のつながりが生まれる「場」で……科学の被験者が対象物ではなく，参加者となるような「場」。医者が患者を，母親が乳児を対象化せず，教師が生徒を排除可能なものとしてモノ化しない。そして，科学者が被験者を科学の対象物ではなく，自分と関係性をもったものとみなすようになるような。

　ノーベル賞を受賞した植物学者バーバラ・マクリントック（Barbara McClintock, 1902 〜 1992：米国）の言葉で締めくくりたいと思います。マクリントック氏は，トウモロコシの研究を行いました。乳児でもチンパンジーでも鳥でもなく植物の研究です。彼女は，遺伝子パターンを理解するには，個々の植物と知り合いになるのが必要で，それぞれと関わりを持たなければならないと主張しました。植物と関わる必要があったのです。マクリントック氏はトウモロコシをモノ化しなかった，とも言えるでしょう。植物学の発展のためにトウモロコシと関わりを持ったのです。植物学でそうであるならば，「人間科学」においては，それはなおさらのこと真実に違いないのではないでしょうか。

佐伯：申し訳ない。すごくよい話なのですが，時間が……これで終わりたいと思います。

　どうもありがとうございました。

●文献

1）Evelyn, F. K. (1983). A Feeling for the Organism. WH Freeman and Company.［ケラー，エヴリン・フォックス. 石館三枝子訳 (1987)『動く遺伝子 トウモロコシとノーベル賞』晶文社 (バーバラ・マクリントックの伝記)］

2）Kawakami, F., et al. (2017). The first smile: spontaneous smiles in newborn Japanese macaques (*Macaca fuscata*) (最初の笑顔：ニホンザルの赤ちゃんにおける自発的微笑). *Primates* 58 (1)：93-101. doi: 10.1007/s10329-016-0558-7.

3）小泉文夫 (2003). 小泉文夫著作選集 3『民族音楽紀行：エスキモーの歌』学研プラス.

4）Hattori, Y., et al. (2013). Spontaneous synchronized tapping to an auditory rhythm in a chimpanzee (チンパンジーにおける音のリズムに対する自発的な同調タッピング). *Scientific Reports* 3, Article number: 1566.

5）Hattori, Y., et al. (2015). Distractor effect of auditory rhythms on self-paced tapping in chimpanzees and humans (ヒトもチンパンジーも自分のリズムに近いリズム音を聞くと自発的に引き込まれる). *PLOS ONE* 10 (7)：e0130682.

6）岩田　誠 (2015).『臨床医が語る：認知症と生きるということ』日本評論社.

7）Mizuno, Y., et al. (2006). Behavior of infant chimpanzees during the night in the first 4 months of life: smiling and suckling in relation to behavioral state. *Infancy* 9: 221-240. doi: 10.1207/s15327078in0902_7.

8）Reddy, V., (2008). How Infants Know Minds. Harverd University Press.［ヴァスデヴィ・レディ. 佐伯　胖訳 (2015)『驚くべき乳幼児の心の世界―「二人称的アプローチ」から見えてくること』ミネルヴァ書房］

9）van Hooff, J. A. (1972). A comparative approach to the phylogeny of laughter and smiling. In: Hinde, R. A. (ed). Non-verbal Communication. Cambridge University Press. pp. 209-241.

10）Vladimir Jankélévitch (1966). La Mort.［ウラジーミル・ジャンケレヴィッチ. 仲澤紀雄訳 (1978)『死』みすず書房］

11）Vul, E., et al. (2009). Puzzlingly high correlations in fMRI studies of emotion. Personalitly, and social cognition. *Perspectives in Psychological Science* 4(3): 274-290. doi: 10.1111/j.1745-6924.2009.01125.x.

あとがき

　本書は，公益財団法人中山人間科学振興財団の創立25周年記念の行事として，2016年10月に東京神田の学士会館で『人間科学における"二人称的アプローチ"』と題して開催されたシンポジウムの記録です。

　当日は，世界的な活躍をされている研究者にお話しいただき，会場の参加者をも交えてのディスカッションは，誠に実り多いものとなりました。ご協力いただきました皆様方に，この場を借りお礼申し上げます。こうして冊子にまとめ，当日参加できなかった多くの方々と共有できますことは，25周年の記念イベントにふさわしい意義があることと存じます。

　財団は，2013年4月に公益財団法人となり，それまでの「中山科学振興財団」に「人間」の2文字を加え，「公益財団法人中山人間科学振興財団」と名前を改めました。「人間科学」を標榜することは，設立当時からの当財団の悲願でもあり，それが20年近くを経て叶ったことになります。

　この間の当財団の活動を少し振り返ってみますと，1996年のテーマは「類人猿にみる人間」で，この年の中山賞特別賞を受賞されたのは松沢哲郎先生でした。また，2008年のテーマは「情動の科学」で，その年の中山賞大賞を受賞されたのが，下條信輔先生でした。お二人の先生には今般のシンポジウムでミニ・レクチャーをお引き受けいただきました。

　今回のシンポジウムの講演を拝聴しながら，両先生の当時の授賞式でのスピーチがきわめて積極性に富み，加えて未来志向の夢に満ちていたこと，また「人間を探求する科学に資する」情熱の裏打ちが共通していたことを思い起こしておりました。受賞以来そのご縁で，折にふれご提案などを頂いており，感謝いたしております。

シンポジウム全体をプロデュースして頂き，当日の司会もご担当いただきました佐伯胖先生は，基調講演のヴァスデヴィ・レディ先生の大著を翻訳出版されたご縁もあって，確かな目配りでプログラムを魅力的なものに仕上げて頂きました。さらに，通訳・解説をお引き受け下さいました當眞千賀子先生は，明解な要約紹介で聴衆を魅了され，シンポジウムを大いに盛り上げていただきました。記して，両先生に深謝いたします。

＊　　　　　　　　　＊

　なお，シンポジウムの模様は，ビデオカメラで記録しました。本書ではその映像を YouTube でご覧いただけるように QR コードを付しています。さらに，ディスカッションの模様は，石井威望先生のアドバイスにより，全天周映像で終盤の 4 分程をやはり YouTube でご覧いただけますので，この動画もお試し下さい。

＊　　　　　　　　　＊

　25 年の節目は当財団の活動における一つの通過地点に過ぎないものであり，向後もまるごとの人間を対象とした「人間を科学する」という当財団の掲げる理念と目標に向かい，継続してその普及と進展に取り組んで参ります。多くの皆様方の一層のご理解とご支援を切にお願いする次第であります。

2017 年 9 月

中山人間科学振興財団 業務執行理事
中山書店 社長　平　田　　　直

索　引

【プロフィール＆講演ビデオ】

ヴァスデヴィ・レディ（Vasudevi Reddy）

英国ポーツマス大学発達文化心理学教授，同大学状況的行為と
コミュニケーションセンター（Centre for Situated Action and
Communication）所長。

●インドで大学院修士課程を修了後，英国エディンバラ大学に
て博士号（心理学）を取得。インドに戻り母校オスマニア大学
で2年間教鞭をとる。1986年より現職。

●著書に『驚くべき乳幼児の心の世界—「二人称的アプローチ」
から見えてくること—』（佐伯 胖訳，ミネルヴァ書房，2015年）
がある。2006年には北海道医療大学で中野茂教授の招聘で2週
間の特別講義をしており，同年京都で開催された国際乳幼児学
会（ICIS）会議にも参加。2016年には北海道で開催された日本
発達心理学会第27回大会で招待講演を行っている。

講演の動画はQR
コードよりご覧に
なれます.

松沢哲郎（まつざわ・てつろう）

京都大学高等研究院特別教授。

●1950年，愛媛県松山市生まれ。1974年，京都大学文学部哲
学科卒業，理学博士。1978年から「アイ・プロジェクト」とよ
ばれるチンパンジーの心の研究を始め，野生チンパンジーの生
態調査も行う。チンパンジーの研究を通じて人間の心や行動の
進化的起源を探り，「比較認知科学」とよばれる新しい研究領
域を開拓した。2016年3月に京都大学霊長類研究所を退職，同
年4月より現職。公益財団法人日本モンキーセンター所長，国
際霊長類学会会長。

●著書に『想像するちから—チンパンジーが教えてくれた人間
の心』（岩波書店，2011年．第65回毎日出版文化賞受賞，科学
ジャーナリスト賞2011受賞）など多数。1996年中山賞特別賞，
2004年紫綬褒章受章，2013年に文化功労者選出。

講演の動画はQR
コードよりご覧に
なれます.

下條信輔（しもじょう・しんすけ）

カリフォルニア工科大学生物・生物工学学部ボルティモア冠教授。

◉ 1955 年，東京生まれ。マサチューセッツ工科大学大学院修了，Ph.D 取得。東京大学大学院人文科学研究科博士課程修了。2012 年 4 月より京都大学こころの未来研究センター特任教授。専門は知覚心理学，視覚科学，認知神経科学。

◉『まなざしの誕生─赤ちゃん学革命』（新曜社），『サブリミナル・マインド─潜在的人間観のゆくえ』（中公新書），『サブリミナル・インパクト─情動と潜在認知の現代』（ちくま新書）など著書多数。これらの著作によりサントリー学芸賞受賞。日本神経科学会より時実利彦記念賞，日本認知科学会より独創賞，中山賞大賞受賞（2008 年）。

講演の動画は QR コードよりご覧になれます.

佐伯　胖（さえき・ゆたか）

田園調布学園大学大学院人間学研究科教授，公益社団法人信濃教育会教育研究所所長，東京大学名誉教授，青山学院大学名誉教授。

◉ 1939 年，岐阜県生まれ。慶應義塾大学工学部卒業後，米国ワシントン大学大学院修了，Ph. D。専門は認知科学，保育学。青山学院大学ヒューマン・イノベーション研究センター元所長。

◉『幼児教育へのいざない』（東京大学出版会），『イメージ化による知識と学習』（東洋館出版社）など著書多数。訳書：V. レディ著『驚くべき乳幼児の心の世界─「二人称的アプローチ」から見えてくること─』（ミネルヴァ書房，2015 年）。

當眞千賀子（とうま・ちかこ）

九州大学大学院人間環境学研究院教授。専門は発達心理学。

ディスカッションの記録動画

ディスカッションの模様は右の QR コードより動画でご覧になれます。QR コード①は平面映像，QR コード②はパネリストとフロアとの双方の様子が閲覧できる全天周映像＊（一部）です。

＊全天周映像をご覧いただく際には，端末の Youtube 専用アプリで再生してください（ブラウザからの再生では 360° 再生はできません）。

①平面映像

②全天周映像

http://nakayamashoten.jp/wordpress/zaidan/

発達心理学の新しいパラダイム
—人間科学の「二人称的アプローチ」

2017 年 10 月 20 日　初版第 1 刷発行 ©　〔検印省略〕

編　集　中山人間科学振興財団 25 周年記念事業特別委員会

発行者　村上陽一郎

発行所　公益財団法人 中山人間科学振興財団
　　　　〒 112-0006 東京都文京区小日向 4-2-6　TS93 ビル 10F
　　　　TEL03-5804-2911　FAX03-5804-2912

発　売　株式会社中山書店
　　　　〒 112-0006 東京都文京区小日向 4-2-6
　　　　TEL03-3813-1100（代表）

制　作　株式会社中山書店

編集協力　有限会社学芸社
本文デザイン

印刷・製本　図書印刷株式会社

Published by Nakayama Foundation for Human Science
ISBN 978-4-521-74554-1　　　　　　　　　　　　Printed in Japan
落丁・乱丁の場合はお取り替え致します.